中国政府和社会资本合作（PPP）市场对外开放研究

史丁莎　著

对外经济贸易大学出版社
中国·北京

图书在版编目（CIP）数据

中国政府和社会资本合作（PPP）市场对外开放研究 / 史丁莎著. —北京：对外经济贸易大学出版社，2023.8

ISBN 978-7-5663-2529-7

Ⅰ. ①中… Ⅱ. ①史… Ⅲ. ①政府投资–合作–社会资本–资本市场–对外开放–研究–中国 Ⅳ. ①F832 ②F124.7

中国国家版本馆 CIP 数据核字（2023）第 151083 号

中国政府和社会资本合作（PPP）市场对外开放研究

史丁莎　著

责任编辑：张俊娟

出版发行：对外经济贸易大学出版社
社　　址：北京市朝阳区惠新东街 10 号
网　　址：www.uibep.com
资源网址：www.uibepresources.com

邮政编码：100029
邮购电话：010－64492338
发行部电话：010－64492342
E-mail：uibep@126.com

成品尺寸：170mm×240mm
印　　张：10
字　　数：148 千字
ISBN 978-7-5663-2529-7

印　　刷：北京九州迅驰传媒文化有限公司
版　　次：2023 年 8 月北京第 1 版
印　　次：2023 年 8 月第 1 次印刷
定　　价：50.00 元

前　言

政府和社会资本合作（PPP）模式作为公共管理的重要工具之一，近年来在全世界范围内得到推广，有效促进了各国基础设施和公共服务的发展，国际 PPP 市场规模不断扩大。随着中国城镇化水平的不断提高，基础设施建设的投入难以满足城镇化提速所带来的巨大需求，中国政府在逐步通过负面清单、准入前国民待遇等管理制度，为外商投资中国市场创造良好条件的同时，也通过 PPP 模式引入社会资本，激发市场活力。然而，PPP 并不是提供项目融资和推进项目顺利完成的“灵丹妙药”，社会资本通过 PPP 模式提供公共服务将收取额外费用，并且 PPP 项目通常要求参加方具有较高水平的专业能力、较强的资金实力，同时项目交易协商耗时也较多，并不一定能够为项目的每一参加方都带来可观的回报。因此，在基础设施和公共服务等 PPP 项目中，民营企业和外资企业的参与度仍然较低。

目前，中国发展进入战略机遇和风险挑战并存、不确定难预料因素增多的时期。从外部环境来看，尽管新冠疫情影响深远，逆全球化思潮抬头，局部冲突和动荡频发，全球性问题加剧，世界进入新的动荡变革期，但后疫情时代，国际力量对比深刻调整，新一轮科技革命不断推进，全球治理体系变革进入加速期，中国发展面临新的机遇。从国内环境看，中国改革发展稳定面临不少深层次矛盾，但党中央的领导力为中国下一步重大改革与开放政策的出台和落实提供了强大的战略支撑。中国将在推动高水平开放方面推出更多务实有效的举措，把对外开放推至更高水平。鉴于国内外经济环境出现明显变化，中国 PPP 市场逐步进入全面转型期，需要以开放视角研究中国 PPP

市场发展。

关于中国 PPP 市场对外开放问题，可以基于许多不同的理论工具从不同角度进行研究，然而截至目前，学界尚未形成较为独立的 PPP 市场开放理论体系。尽管如此，国际经济学、国际金融学、公共管理学等经济和管理学科的有关理论依然为 PPP 市场开放问题提供了理论基础。由于 PPP 市场覆盖行业较广且部分涉及国计民生和公共利益等重要领域，其对外开放是一项艰巨而复杂的系统工程，将对国民经济产生深远影响，因此要将 PPP 市场开放问题放在中国经济转型的背景下讨论，并与国有企业混合所有制改革、投资体制改革、政府采购市场国际化发展等多重问题相协调，以期在 PPP 市场进一步对外开放进程中尽量规避相关风险，统筹发展和安全。此外，发达经济体和发展中经济体 PPP 市场发展及开放情况都为中国 PPP 市场对外开放带来了启示，但是与中国对外开放历程一样，PPP 市场的进一步对外开放不可能一蹴而就。基于中国的特殊国情，中国 PPP 市场进一步对外开放无法完全借鉴其他国家或地区的开放经验和做法，需要选择适合国情的 PPP 市场开放模式，结合宏观经济环境、PPP 市场发展情况、行业及市场主体发展水平等现实因素，合理、稳妥地推动 PPP 市场的对外开放进程。中国 PPP 市场在制度建设、市场主体竞争力、市场准入等方面与其他国家 PPP 市场存在一定差距。由于中国 PPP 市场发展时间不长且存在诸多问题，PPP 市场的进一步完善还有相当长的路要走，应慎重选择 PPP 市场进一步开放的实施策略。根据典型经济体 PPP 市场开放经验、中国与有关国家或地区贸易投资谈判进程，以及国民经济和 PPP 市场发展情况，本书认为中国 PPP 市场应采用分阶段、渐进式的对外开放模式，并在推动混合所有制改革的基础上，为 PPP 市场主体在部分领域融入国际竞争环境争取过渡期，从而推动国民经济的健康、可持续发展。

本书以中国 PPP 市场对外开放为主线，以 PPP 市场对外开放与宏观经济环境协调为准则，以 PPP 市场对外开放的收益与风险为思路，以国际 PPP 市场经验和做法为参考，总结了 PPP 市场对外开放的相关理论基础，对外资参与 PPP 市场进行了博弈分析，并对 PPP 市场对外开放的成本与收益进行了研究。从全球视角分析了中国 PPP 市场所处的国际环境以及影响 PPP 市场对外开放的因素，在梳理和研究国际PPP市场发展情况及未来发展趋势，以及影响PPP市场开放进程的国际规制的基础上，结合中国现实情况，探讨了国际规制和相关开放战略与中国PPP市场进一步对外开放的内在关联性，并根据经济发展水平，对世界主要国家或地区PPP市场发展及开放情况进行比较研究，从而选取适合中国国情的PPP市场开放模式和实施策略，就中国PPP市场扩大对外开放提出政策建议。基于上述研究思路，本书分为以下六个部分：

导论提出了PPP的研究背景、理论与现实意义，总结研究思路及主要内容，综述国内外相关研究的方法和结论，并介绍本书的研究方法与创新点。

第一章是关于PPP市场对外开放的相关理论与分析，在基于PPP市场对外开放基本认识的基础上，对PPP市场开放相关理论，包括公共治理理论、公共产品理论、公共选择理论等进行阐释，对外资参与PPP市场进行博弈分析，并对PPP市场对外开放的成本与收益进行研究。

第二章主要从全球视角分析中国PPP市场所处的国际环境以及影响PPP市场对外开放的因素，从国家和地区、行业和部门、项目类型等不同维度系统分析了国际PPP市场的发展情况及其未来发展趋势。重点结合中国现实情况，梳理了影响PPP市场进一步对外开放的国际规则、区域经贸谈判及有关开放战略，探讨了有关国际规则与PPP市场进一步对外开放的内在关联性。

第三章从国际经验角度对英国、加拿大、欧盟等典型发达经济体，以及部分发展中国家PPP市场的发展及开放情况进行归纳总结，并分别基于市场成熟度、市场发展环境、对外开放态度等方面进行比较分析，研究各国对外资进入PPP市场的相关规定和做法，以及最新发展趋势。

第四章从国内视角分析了中国PPP市场的发展情况，并针对国内政策、市场投资主体、行业发展、开放程度等方面阐述了中国PPP市场现阶段的主要特征，总结了外资进入中国PPP市场的发展历程及阶段特点，就制度建设、准入门槛、PPP项目特点等方面客观分析了现阶段外资在中国PPP市场参与程度不高的原因及影响因素，为提出开放模式及有针对性的政策建议提供现实依据。

第五章提出结论与政策建议。本章从国民经济发展和制度建设两个方面提出了中国进一步推动 PPP 市场对外开放的必要性，同时基于现阶段中国快速推进 PPP 市场开放进程的条件仍然不成熟的现实情况，提出选择渐进、分阶段的开放模式，利用国际规则和区域经贸合作谈判，以及“一带一路”倡议等，将 PPP 市场进一步对外开放进程与区域经济一体化进程、政府采购市场国际化以及国内相关改革进程相协调，并就中国 PPP 市场进一步对外开放问题提出政策建议。

目　录

导　论

第一节　研究背景

政府和社会资本合作（Public Private Partnership，PPP）作为将市场规律引入基础设施建设和公共服务的运作方式，为包括外资企业在内的社会资本开辟了广阔的发展空间。2013 年后，在中国政府的大力推动下，中国 PPP 市场进入快速发展时期，市场规模不断扩大，几乎覆盖了所有基础设施和公用事业行业以及大部分省区市，涵盖 19 个行业领域。截至 2022 年底，中国财政部 PPP 项目库累计纳入项目 1 万余个，总投资额近 17 万亿元。据国家发展改革委员会统计，2023 年初全国已录入 PPP 项目信息检测服务平台项目 1.6 万余个。其中，进入必要性和可行性论证阶段有 3 394 个，总投资 5.4 万亿元；进入实施方案审查阶段有 2 528 个，总投资 2.5 万亿元；进入社会资本方遴选阶段有 6 532 个，总投资 9.7 万亿元；进入项目建设与运营阶段有 3 785 个，总投资 5.6 万亿元。与此同时，中国以 PPP 模式全面推进可持续发展，发挥社会资本专业优势，大力发展绿色低碳 PPP 项目。截至 2022 年底，中国已有 6 000 个左右污染防治与绿色低碳 PPP 项目签约，投资额约 6 万亿元，占所有签约项目投资总额的近一半。这些项目吸引 5 000 余家企业参与生态环境改善和保护治理，改变了政府投入负担重、污染治理设施短缺、处理能力不足的局面，助力建设更有韧性、绿色、可持续的基础设施，有利于提高中国应对气候变化的能力。未来几年，除房地产市场外，传统基础设施建设和公共服务领域仍然是中国发展潜力巨大的投融资市场，也将带动 PPP 项目数量和投资金额逐步增加，推动 PPP 市场规模进一步扩大。

然而，随着PPP落地项目数量的不断上升，中国PPP市场的一些问题和矛盾也随之暴露。其中，PPP市场发展面临的问题之一是外资在PPP项目中参与度较低。从PPP项目社会资本合作方的所有制性质来看，2014年以来，仅占中国企业数量2%的国有企业参与了PPP市场一半左右的项目，而民营企业和外资企业参与度较低。中国PPP综合信息平台项目库发布的数据显示，截至2022年底，落地示范PPP项目签约社会资本中外商（包括港澳台企业）占比不到一成，这与外资在中国经济高速增长中发挥的重要作用并不相符。

过去三十余年，中国以基础设施建设为主的投资是拉动经济高速增长的驱动力之一，而其中外商投资对中国经济发展发挥了至关重要的作用。这主要源于中国一贯坚持的对外开放政策。虽然全球商业和投资环境受新冠疫情影响发生了巨大变化，乌克兰危机导致了食品和燃料价格高企以及融资紧缩的三重危机，给全球外商直接投资前景蒙上阴影，但2022年，中国实际使用外资额同比增长6.3%，规模再创历史新高。与此同时，中国政府为顺应全球和区域贸易投资自由化的趋势，通过改革外商投资管理体制努力改善中国利用外资的环境，修改了外资企业法，实施更开放的外商投资产业指导目录，全面实行负面清单和准入前国民待遇的管理制度以及备案为主、核准为辅的境外投资项目管理模式，并在备案制的基础上取消了投资限额的门槛，打造公平竞争、法治完善的营商环境，推动了投资自由化程度的大幅度提高，逐步提升了中国利用外资政策的透明性、稳定性和可预见性。在这一背景下，国有企业作为社会资本合作方参与PPP项目较多，而民营企业和外资企业参与程度较低，有其深层次的原因：一是随着PPP模式适用领域的逐步扩大，原本属于政府传统模式投资（含融资平台投资）或国企垄断的行业大部分已开放探索PPP模式，在涉及这些行业的PPP项目竞标过程中，资本实力更强、项目建设和运营经验积累时间更长、信用更佳的国有企业更具优势，而民营企业和外资企业进入的门槛则较高；二是地方政府在选择社会资本合作机构时，更加偏好与国企合作，以期降低项目的风险和相关责任，导致其他类型的社会资本进入障碍较大；三是国有资本和社会资本的权利义务划分不够清晰，导致民营企业和外资企业对经营管理的独立性、未来权益的有效保障等问题存在顾虑，参与热情不高。

然而，在全球跨国投资和产业转移呈现新趋势、中国经济深度融入世界经济、经济发展进入新常态的背景下，利用外资成为中国对外开放基本国策和构建开放型经济新体制的重要内容。中国PPP市场利用外资的基本条件也发生着改变，特别是2017年国务院颁布并开始实施的《关于扩大对外开放积极利用外资若干措施的通知》（国发〔2017〕5号）强调了外资在中国对外开放这一政策的实施及开放型经济体制的发展中所发挥的关键性作用，同时要求推进电信、互联网、文化、教育、交通运输等领域有序开放，以及促进内外资企业公平参与政府采购招投标等。这一政策的出台为外资参与PPP市场带来了新的驱动力。同年，《国务院办公厅关于进一步激发民间有效投资活力促进经济持续健康发展的指导意见》指出："鼓励民间资本参与政府和社会资本合作（PPP）项目，促进基础设施和公用事业建设。"PPP模式在供给侧结构性改革中发挥的作用越来越重要。习近平总书记在党的二十大报告中强调"中国坚持对外开放的基本国策，坚定奉行互利共赢的开放战略""推进高水平对外开放"。2022年底召开的中央经济工作会议进一步强调"坚持推进高水平对外开放，稳步扩大规则、规制、管理、标准等制度型开放"。2022年，中国连续第六年缩减全国和自贸试验区外资准入负面清单，新版《鼓励外商投资产业目录》总条目数较之前版本增加了近20%，增加条目数为近年来最多，进一步扩大了鼓励外商投资的范围。在推动制度型开放方面，中国率先核准生效《区域全面经济伙伴关系协定》（RCEP）以来，积极推动加入《全面与进步跨太平洋伙伴关系协定》（CPTPP）、《数字经济伙伴关系协定》（DEPA），通过对标高标准规则，为外资企业发展创造市场化、法治化和国际化的营商环境。此外，在全球经济下行压力加大、气候变化给人类可持续发展带来严峻挑战的背景下，促进低碳与可持续发展成为目前国际社会的重要任务之一。在"一带一路"倡议与相关国际标准的引领下，作为实现政府与社会资本优势互补、提高公共产品供给效率、促进经济社会发展的重要手段，PPP将在助推低碳与可持续转型发展中发挥更大作用。

第二节 基本问题

随着中国加快推进区域经贸合作和加入世界贸易组织（WTO）的《政府采购协议》（GPA）谈判进程，中国正处在一个前所未有的对外开放新阶段。虽然中国 PPP 市场得到了长足发展，许多外资企业在对外开放过程中已经参与到中国国内 PPP 项目中并发挥了重要作用，但与部分 PPP 市场较为成熟、有关制度安排比较健全的发达经济体相比，中国 PPP 市场仍然存在较多问题，其对外开放程度依然不高。

在区域经贸合作方面，中国目前正在积极参与的新一轮服务和投资领域谈判将对外资进入国内 PPP 市场产生重要影响，尤其是部分投资协定已将基础设施和公共服务等行业的市场准入、国内执行、行业监管、争端解决等问题纳入谈判范畴，将进一步加快中国 PPP 市场对外开放的步伐。在多边规则方面，PPP 与 WTO《政府采购协议》所明确的政府采购的内涵相契合，也就是“为实现政府目的采取诸多合同方式所实施的采购活动”，同时 WTO、联合国和世界银行等国际组织和有关国家在选择 PPP 社会资本合作方时都遵循政府采购规则，所以上述做法和规定将对中国 PPP 项目社会资本合作机构的选择、监管产生一定影响。中国已将 PPP 项目社会资本合作机构的选择纳入政府采购管理制度，因此，在中国逐步扩大 GPA 出价范围的过程中，中国 PPP 市场也将面临外资企业参与度的逐步提高，这为 PPP 市场对外开放问题研究带来了新的视角。

据此，本书就中国 PPP 市场进一步对外开放提出以下几个问题：一是在国际规则加速重构、区域经贸合作快速发展的背景下，PPP 市场对外开放的理论、外资参与 PPP 市场的博弈以及 PPP 市场对外开放的成本和收益等都有待研究。二是在目前中国 PPP 市场已经一定程度对外资开放的基础上，是否有进一步扩大外资准入规模的必要？制约 PPP 市场进一步对外开放的因素有哪些？以及参与 PPP 项目竞标的外资企业数量的增多对中国 PPP 市场及其市场主体的影响有哪些？三是除了正在进行的加入 GPA 等国际规制的谈判，中国也在积极推动共建“一带一路”，以及与有关国家之间多边和双边贸易投资协定的谈判进程，在此背景下，国际规制及贸易投资协定的签署，尤其是其谈判出价范围与中国 PPP 市场进一步对外开放领域有着怎样的联系，将对国内 PPP 市场及主体的培育和发展产生什么影响？四是如果未来 PPP 市场逐步扩大对外资开放的行业领域，那么将不仅是微观层面操作方式的升级，更是宏观层面体制机制的变革，应该采用何种开放模式及实施策略。在区域经济一体化背景下，中国政府应该从哪些方面提升 PPP 市场的成熟度，同时，在 PPP 市场开放过程中应该如何把握国际规制谈判出价范围和放开外资准入的进程，从而达到维护国家利益和国民经济稳定发展的战略目的，这些都有待进一步研究。

第三节 研究意义

当前，中国经济发展进入新常态，经济依靠人口红利、土地和环境成本形成的“投资成本洼地”效应的逐步减弱，对生产要素投入存在较大依赖的发展模式已经不再适应发展趋势，同时，基础设施建设和公共服务领域存在巨大需求，面对较大的资金缺口，PPP 模式正是政府解决这一问题的动员机制之一。通过进一步开放 PPP 市场等政策吸引外资参与国内经济建设，无疑是一条比较重要的途径。为此，研究中国 PPP 市场开放问题具有其理论及现实意义。

理论意义在于，由于政府对 PPP 模式的大力推广，学术界对 PPP 模式的相关研究逐渐增多，但大多集中于 PPP 模式的概念、特征、功能及应用领域，以及针对不同行业的具体项目进行分析。虽然建立了一定的理论基础并形成了许多可供借鉴的实务经验，但对于 PPP 市场及其对外开放的研究却依然较少。与以往对 PPP 模式研究不同的是，本书不局限于从 PPP 项目的风险分担机制，BOT（建设—运营—移交）、TOT（移交—运营—移交）等具体项目融资模式、PPP 项目案例、效率评估等微观角度研究分析 PPP 模式的应用及 PPP

项目的实操问题，而是从宏观视角梳理了 PPP 市场对外开放的有关理论基础，就外资参与 PPP 市场问题进行了博弈分析，并通过对 PPP 市场对外开放的成本收益分析，总结了外资进入 PPP 市场的影响和特殊性，同时结合国际 PPP 市场发展环境、典型国家经验以及相关国际和区域规制，就 PPP 市场的发展和开放问题提出实施策略和政策建议。

现实意义在于：一是 PPP 市场对外开放是国际经济的发展趋势。自 20 世纪 80 年代起，英国、澳大利亚、加拿大等国家开始探索运用 PPP 模式吸引社会资本参与基础设施建设和运营，积累了丰富的实践经验，制度体系较为完备。2008 年国际金融危机以来，面对有效需求不足的问题，欧美主要发达国家更加注重发挥私人部门作用，积极利用 PPP 模式增加公共服务供给，促进经济复苏。二十国集团（G20）、亚太经合组织（APEC）会议也多次倡议在基础设施领域广泛采用 PPP 模式。在区域经济一体化和区域经贸合作不断发展的背景下，PPP 市场对外开放已经成为国际经济发展的重要趋势。二是中国基础设施建设和公共服务领域引进外资的需要。PPP 模式的推广能够使政府公共服务转变为合作供给，基础设施也能够因此转变为有效供给，有效补充基础设施建设和公共服务领域的资金缺口，发挥市场在资源配置中的决定性作用，推动政府职能转变。由于发达国家经济法规健全、政策透明度高，PPP 项目运作较为规范，因此，来自这类国家的外资机构参与 PPP 市场活动的增多将促进公共服务管理效率的提升。三是中国完善和创新 PPP 体制机制的需要。财政部对 PPP 项目社会资本选择的管理做出了特殊的制度安排与创新，为了对 PPP 项目诸多环节的操作流程加以规范，例如识别、准备、采购、实施及移交等，颁布了《政府和社会资本合作模式操作指南（修订稿）》以及《政府和社会资本合作项目政府采购管理办法》。2022 年底，财政部发布《关于进一步推动政府和社会资本合作（PPP）规范发展、阳光运行的通知》，通知要求“鼓励国有企业、民营企业、外资企业等各类市场主体作为社会资本方平等参与 PPP 项目”。然而，目前针对 PPP 市场开放，尤其是关于外资企业参与 PPP 项目的配套制度尚未建立，也不能简单套用现有的政府采购法律制度。在中国推进 GPA、CPTPP 等国际规则谈判的背景下，现有的制度安排在选择外资合作伙伴的方式和机制方面能否与项目和市场需求相适应仍值得考量。着眼于国际经验，PPP 顺利开展的前提在于市场主体必须重诺履约，规范和监管外资进入 PPP 市场，建立科学、规范的 PPP 市场对外开放制度，创新 PPP 市场社会资本选择机制则是基础。四是中国 PPP 市场与国际接轨的需要。随着中国加入 GPA 谈判进程的推进，以及区域贸易投资协定谈判的加快，PPP 市场与国际接轨将提上议程。按照政府采购的方式选择 PPP 社会资本合作伙伴既是国际惯例，也是一种规范、有效的做法，在此基础上研究中国 PPP 市场对外开放问题，有利于统筹考虑政府采购和服务与投资市场开放谈判，推动中国 PPP 市场进一步与国际接轨。

第四节 文献综述

PPP 是近几十年来世界各国为发展本国基础设施建设所广泛采用的模式。各国 PPP 市场对外资的开放程度与各国经济、政治和社会发展需求密不可分，同时也与经济全球化和区域经济一体化发展进程相伴。学界对 PPP 市场开放的研究，一般包含于 PPP 市场的国别研究和案例研究之中，独立将其作为一个研究专题的并不多。在总结国内外关于 PPP 市场开放相关问题的研究成果过程中可以发现其研究的内容主要集中于以下几个方面。

一、关于研究对象

（一）PPP 的界定

在当前全球经济放缓的背景下，更多的国家对于公共基础设施、服务等的提供都选择 PPP 模式，此模式是一种颇具代表性的基础设施和公共服务市场化融资方式，依托于 PPP 模式，政府、社会资本以共赢为目标展开更加深入的合作。目前，已有许多国内外学者对 PPP 进行了界定。Pongsiri（2002）

认为 PPP 模式的本质是政府与社会资本合作，并在两者之间建立利益共享、风险共担、协同管理的长期契约关系，也是一种为提供公共产品或服务建立的全过程合作关系。Klijin（2015）将 PPP 描述为在公共机构公共部门和私人企业之间订立的一种契约性协议，并通过建立合作关系实现所有权共享，在这样一种合作关系下共同经营资源、分担风险、共享收益，提升公共或私人产品的效率。Akintoye（1998）将 PPP 定义为公共和私营部门之间的长期关系，其目的是生产公共服务或基础设施，寻求吸引私营部门的资金、资源、管理技能、专业知识和创新，以实现公共部门目标。Nijkamp（2000）提出，PPP 参与方展开合作期间，责任、融资风险的担负者是诸多参与方，但是并非完全转移政府的责任，目的在于让政府身兼管制者、合作者及促进者三种角色，在和企业、第三方等民间机构的彼此协调下，使公共产品、服务等呈现出最好的供给状态。Artlidge（2006）认为，PPP/PPI[①]合同通常具有较长时间的特许期，并规定了确保私营部门组织有足够的财政资源在特许期间提供所需服务的义务。国际组织也从不同角度对 PPP 进行了界定，例如国际货币基金组织提出，对于公私部门的项目融资合作，基础设施由私人部门负责开发及建设，且在一段时间内负责运营，然后以相关协议为依据转让这一设施，由政府负责承接，此过程即为 PPP。而欧盟委员会的界定是 PPP 的产生源于将基础设施建设融资难这一问题进行妥善处理的需求，是政府、私人部门两个主体间展开合作的一种融资方式，且大量运用于诸多领域，如教育、交通基础设施、国防、卫生、公共秩序等。世界银行定义 PPP 为政府公共部门与私人部门共同提供公共产品和服务的合作过程。尽管各国专家及国际组织对于 PPP 模式从多个角度进行诠释，但大部分从政府、社会资本间以合作形式达成共赢方面加以论述，强调 PPP 模式通过对资源和资本的整合实现优势互补。

（二）PPP 的特征

国内外学者对 PPP 特征的总结基于不同的角度，国外学者通常从 PPP 模

① 私人部门参与基础设施（Private Participation in Infrastructure，PPI）这一概念由世界银行提出，与 PPP 可以互换，前者多用于开发性融资领域。

式建立的伙伴关系角度阐释，而国内学者则侧重从项目应用角度出发分析PPP模式的特点。其中，Peters等（1998）总结了伙伴关系的五个典型特点，这些特点同样适用于PPP：一是PPP所建立的伙伴关系涉及两个或更多要素，其中至少有一方是公共部门和其他私人商业机构。Tarantello和Seymour（1998）认为非营利组织和地方政府之间的伙伴关系应该也被划入PPP范畴。二是在伙伴关系中，每个参加方都具有自己的原则，也就是每一个参加方具有为其争取权益的能力，而非不得不回头依赖于其他参加方发起诉求。Grimsey和Graham（1997）指出，在一些情况下，公共部门在伙伴关系建立之前需要提升特殊机构进入伙伴关系的专业能力。三是能够在参与各方之间建立一种长期、相对稳定的关系。Moore和Pierre（1988）认为在PPP模式中需要建立持续的、长期的关系，即从一开始就在参加方之间协商并作为PPP模式执行过程的一部分。四是在PPP模式的伙伴关系中，每一参加方都对伙伴关系做出贡献。因此，为推动这种伙伴关系成为真诚的、真正的伙伴关系，每一参加方将物质和非物质的部分资源转移到伙伴关系中。五是Collin（1998）分析认为，伙伴关系的建立预示着每一参加方都肩负分享成果的责任，这是与在公共部门和私人部门之间以其他形式建立关系的不同之处，尽管在这种关系中公共部门可能会采纳私人部门提供的组织管理方面的建议，但公共部门仍然要担负全部责任。伙伴关系通常独立于组织结构之外，并非是在独立具有自主权的参加方之间建立起的谈判关系。Grant（1996）认为，PPP这种伙伴关系的核心包括责任和权利的分享和分担、联合投资、风险分担以及共有利益。Hodge（2019）等指出，大型基础设施项目使用社会资本并通过灵活的PPP合同形式确保其能够顺利交付。

查勇、梁云凤（2015）将PPP模式的优势归纳成五个方面：其一，组织机构设置。PPP模式可以提前确认项目融资是否可行，在刚开始实施时即实现了在项目周期内风险问题的合理配置。其二，私人部门优势的发挥。在PPP模式中，公共项目前期即允许企业、第三方部门参与，从而使其技术、管理等优势得以有效发挥。其三，目标管理。公共部门和社会资本在互利的长期目标下，以合作共赢为目标进行基础设施的建设运营，更便捷地服务于社会、公众。其四，行动协同性。此模式能够促进重新整合项目各参与方并构建合作关系，有利于目标的协调和行动的协同。其五，成本效益。在接触政府部门之后，私人参与者能够对项目信息、项目目标等进行直接获取，并成为项目的提前参与者，从而减少时间和经济成本，通过合作和相互约束最终降低公共产品价格。屈哲（2012）分析了 PPP 模式区别于以往私人企业参与公共基础设施建设方式的显著特点，也就是基于特许权协议，政府公共部门、私人参与者展开协作。对于 PPP 模式而言，公共服务融资项目在刚开始实施时双方主体即开始了合作，这一合作关系在项目建设的周期中得以维系，双方共同采取明确项目计价、估算成本、分析技术、分析系统等方式围绕项目融资是否可行展开评估，且在此期间需要恪守风险共担这一准则，完善风险分配方案，从而控制风险。

（三）PPP 的经济影响

关于 PPP 经济影响的学术文献比较有限并且大多数基于案例研究，其中大部分项目的评估结果无法明确反映出其具体经济影响。文献较少有对 PPP 总体经济影响较为完整和可靠的系统分析，其中现有文献部分集中于私人部门参与基础设施（PPI）的经济影响，也有少部分文献揭示私人投资者能够对公用事业供给的质量产生决定性影响这一事实，并提供了对 PPP 潜在影响的一些见解。世界银行（2014）分析认为，公私合作的好处在实践者中得到了很好的认可。在正确实践的情况下，PPP 可以为基础设施筹集额外的资金并在某种程度上改善项目选择。其在对 PPP 市场建立时间相对较早的国家进行研究后发现，PPP 与传统的政府采购相比，能够更好地管理项目建设，项目交付更加及时且项目预算更为频繁，这主要归因于 PPP 模式带来的激励机制。此外，部分学者通过经验研究分析了 PPP 对效率的影响，如 Andres 等（2013）基于 32 个国家使用时间序列数据（1995—2006）的实证分析得出结论，在不具体区分管理和租赁项目、特许经营、绿地项目和资产剥离等 PPP 项目类型的基础上，私人部门对其参与公用事业的覆盖面、服务质量和劳动生产率都具有积极和显著的影响。Eliza 等（2022）指出 PPP

模式有助于更好地解决公共产品在融资、技术和管理方面的问题，有效利用政府和私人部门各自的优势。Marin 等（2009）分析了已实施至少五年的 65 个大型水务 PPP 项目（特许经营、租赁承租或为期三年的管理合同）的绩效数据，从与性能相关的四个维度——项目覆盖和扩展范围、服务质量、运营效率和资费水平进行了研究，并得出结论：PPP 能够使运营效率得到显著提高。Christopher（2013）经过案例研究表明，PPI 通常都会促进效率的提高，同时也随项目的类型、规模、监管环境和治理等方面影响因素的改变而变化。Engel 等（2020）指出，与公共机构相比，PPP 合同可以提供更多的激励以及持续的调整和维护，这一模式通常会随着时间的推移而降低累积成本。此外，PPP 模式对效率的提高还取决于应用的部门，通常在电力传输方面产生积极影响，在电力、供水和卫生设施方面产生的效果则不确定。这与国内部分学者的观点一致，如侯仕军（2009）指出，跨国公司的参与通过技术扩散、产业竞争、产业合作以及服务供应等途径可能改进投资东道国基础设施产业的生产效率、可靠性和质量，但是在电力和税务等特殊领域，其影响则不确定。

（四）PPP 与传统采购

国内外关于 PPP 与传统采购比较方面的研究较多，研究角度较为不同。Flyvbjerg 等（2004）通过收集 258 个规模较大（超过 1 亿美元）的基础设施项目数据得出采用传统采购方式的项目中，近 1/10 存在成本超支、收益较低和工期拖延等问题的结论，并分析认为各国政府通常将 PPP 作为与传统采购相比更加能够实现物有所值目标的工具，以期 PPP 能够克服在公共基础设施领域中传统采购所显现出的低效率。Mott Macdonald（2002）阐述了与传统采购相比，PPP 在降低建设成本、缩短工期等方面具有的明显优势。Blanc、Goldsmith 和 Valila（2006）指出了 PPP 区别于传统采购具有更高生产效率的三个特征，即所有权、捆绑和风险转移。徐玉环（2014）对比了政府采购和 PPP 的含义，认为《中华人民共和国政府采购法》（以下简称《政府采购法》）规定的竞争性谈判、单一来源采购等为 PPP 项目实际运作提供了依据。关于 PPP 与政府采购的衔接，他认为要解决明确 PPP 中私人部门（社会资本）的界定、创新政府采购服务模式、注重“物有所值”评估、统筹安排政府监管等问题。

宋小宁、陈斌、吴明琴（2014）利用动态不完全合同理论研究表明，基础设施的合同具有不完全性和动态性两个特点，由于基础设施建造和运营阶段的周期均较长，因此应该根据建造和运营两个阶段的创新投入对运营成本的影响决定采用传统政府采购模式还是 PPP 模式进行采购。张雨（2015）通过对 PPP 项目本身特点的分析，认为公开招标虽有利于降低采购对象的成本却容易导致高额的交易成本。因此，从 PPP 项目社会资本选择的发展趋势看，随着市场的开放和外资的进入，有关法律法规将更加健全，配套的机构和机制更加完善。汪才华（2015）从 PPP 项目采购操作规程的角度分析了竞争性磋商这一社会资本选择方式在较大程度上借鉴了国际咨询工程师联合会（FIDIC）和国际通常做法，突破了传统招标采购中的刚性规定，有利于“物有所值”价值目标的实现，但是竞争性磋商这一为 PPP 项目社会资本量身定做的采购方式由于立法仓促等原因，仍存在法律条文上的互不衔接和相互割据问题，其能否达到立法目标所追求的效果有待考量。Darussalam（2022）从资金、政府预算、风险、所有权、与社会资本的关系、项目规格等方面分析了 PPP 和传统采购的区别，指出管理合同需要不同的方法，PPP 模式有利于政府以最具成本效益的方式采购服务。

二、PPP 市场开放的管理制度

随着中国 PPP 市场的逐步对外开放，参与 PPP 项目的外资机构数量将增加，负面清单和准入前国民待遇等外商投资管理制度的实施将加快与国际通行规则接轨的 PPP 有关制度的建立，因此部分国内学者对 PPP 市场开放管理制度进行了研究。叶晓甦等（2013）根据政府规制理论、新制度经济学理论、新公共管理理论，对国内外 PPP 准入机制进行了比较，指出明确准入主体是构建 PPP 准入机制的关键，而 PPP 准入机制则是保障 PPP 成功的前提，也是政府公共管理结构改革的突破口。李竞一（2014）认为，排他性是公共资产及服务提供的显著特性，部分行业还有着自然垄断这一属性，所以社会资本准入是 PPP 项目竞争压力的主要来源，也就是政府对于社会资本合作方进行选择往往会采取公开竞争的模式，而PPP项目标的却呈现出复杂性、多样性及长期性，往往无法直接对各种社会资本提供的价值、要求的回报及承担的风险加以比较，政府不能够依托当前的采购程序将竞争力最强的社会资本筛选出来。姚宜（2008）认为，推动外资参与城市基础设施建设，需要在政府管理上收缩政府直接投资的范围，放宽外资投资领域限制，促进基础设施领域投资的市场化，政府需要转变其管理方式，即从单一的管控向协调转变，涵盖对包括外资在内的投资主体关系进行协调，对投资方向加以引导。

三、PPP 市场投资环境

部分学者及国际组织从全球 PPP 市场发展以及不同国家和地区 PPP 市场发展环境的角度进行了研究。Sawada 和 Zen（2014）指出，目前各国面临巨大基础设施建设赤字，在未来 15 年，全世界约有 57 万亿美元的基础设施投资需求，涵盖交通、能源、水利和通信等行业，庞大的投资需求也将促进全球国内生产总值（GDP）的增长。尽管全球 PPP 市场不断变化，但 PPP 仍然在全球范围内的基础设施建设领域发挥着重要作用。毕马威（2015）在报告中指出，PPP 市场正在向全球化发展，国际 PPP 投资机构关心的仍然是进入各国市场的途径，在聚焦新兴市场所呈现出的巨大商机的同时，北美的 PPP 市场也同样成为国际投资商的关注焦点。经济学人智库（EIU，2014）综合法律及监管、PPP 模式执行架构、PPP 项目操作经验、投资环境及金融市场情况等多方面的因素，建立了 PPP 市场发展情况评估体系，并根据各国实际情况进行综合打分，据此对部分发达国家和欠发达国家的 PPP 市场发展环境进行了评级。亚洲开发银行（2011）在其对 PPP 市场环境评估报告中对部分国家 PPP 市场的投资环境进行评分，分数最高的两个国家分别是澳大利亚和英国，报告指出：地区性的规制和机构改革体现出了区域各国政府对 PPP 的偏好，各国普遍对社会资本在基础设施建设方面先进的管理理念持欢迎态度。同时，虽然亚洲各国有关政策在实施过程中存在打折现象，这影响了社会资本的投资以及政策实施的效果，但是亚洲高速增长和规模不断扩大的经济总量受益于繁荣的商业环境和具有吸引力的市场机会。惠誉集团旗下研究机构 BMI 研究所（2015）在研究报告中指出，亚洲 PPP 项目的投资在未来两到三年都受到一定限制，如在中国和印度的 PPP 市场进行基础设施建设领域的专项投资可能会受到阻碍，此外东盟 PPP 市场上的商业环境对外商投资而言仍然充满挑战，也将影响社会资本对其 PPP 项目的投资兴趣。

四、PPP 市场开放风险

关于 PPP 市场开放风险的文献较少，多数基于基础设施、电力等具体行业的投资风险进行分析，如 Grimsey 和 Lewis（2002）总结了 20 世纪 80 年代以来一些国家在水电供应、发电以及包括电信和交通运输部门在内的其他大型基础设施项目的全部或部分引入包括外资在内的私人资本的尝试，认为虽然基础设施项目的投资以往是由公共资金资助的，但由于这些基础设施项目通过引入包括外资在内的私人资本提供基本的社会服务，对政府控制和监管水平提出了更高的要求，同时对经济增长也有一定的促进作用。由于基础设施项目具有资本密集型的属性，因此往往需要大量的预付资金和沉没成本，需要通过较长时间项目资产的有效利用和运营才能收回这些成本。William Rodney 和 Paul Gallimore（2002）主要研究环节分析法在 PPP 市场风险评估中的应用，其中也包括市场开放的风险。Sawant（2010）认为，虽然基础设施资产也会产生稳定、可预测的现金流，但因为基础设施项目往往是在有限数量的市场主体之间签订长期合同，因此投资特别容易受到无效交易的影响，由于私人投资者和东道国政府的投资利益一旦受损，双方将寻求改变合同条款，甚至利用修改相关法律政策等方式弥补损失，因此可能引发项目的重新谈判，这将对整个投资项目造成较大的负面影响，导致项目失败以及参与方之间的纠纷。

第五节　研究方法与创新点

本书以国际经济学、公共管理学、制度经济学、福利经济学等经济和管理学理论为依托，主要采用理论与实践相结合、定性分析与定量分析相结合、静态分析与动态分析相结合、比较与归纳相结合、成本分析与收益分析相结合的研究方法来探讨当前中国在PPP市场发展中所面临的开放问题。

由于国际经济环境与国民经济发展处于不断变化之中，本书将静态分析与动态分析相结合，既考察了中国 PPP 市场对外开放的发展历程，又结合经济全球化和区域经济一体化发展的背景、外资进入 PPP 市场的现实情况，以及国际 PPP 市场及有关国家 PPP 市场的发展，分析了当前中国 PPP 市场进一步对外开放问题。因此，在研究中国 PPP 市场对外开放问题时，既有对某个时期横断面的静态分析，也综合了国际和国内多方面的影响因素进行纵向的动态分析，并互相补充。

由于PPP市场在发达国家发育较为成熟且近几年在新兴市场国家也有了快速的发展，因此部分国家的 PPP 市场开放实践和做法为中国 PPP 市场的进一步对外开放提供了经验，比较这些做法及经验，不仅能够深入了解各国 PPP 市场的发展情况，更能在总结和归纳的基础上，为中国 PPP 市场进一步对外开放提供有价值的参考。因此，本书采用比较与归纳相结合的方法，同时结合定性和定量的分析，通过国际横向比较与历史纵向比较相结合的方式，研究国内外 PPP 市场的对外开放与发展问题。

此外，PPP 市场对外开放道路的选择是成本与收益相交替的过程，本书采用的成本分析与收益分析相结合的方法是政府政策制定常用的方法，也是福利经济学的具体应用。虽然 PPP 市场对外开放的成本与收益与具体 PPP 项目相比较难以通过定量加以衡量，但是市场开放的成本与收益是制定和实施对外开放策略的前提和基础，政府可结合各种直接和间接影响因素，通过成本收益分析评估相关政策的可行性。因此，本书基于对外开放政策对整个国民经济的影响分析该政策实施可能产生的成本与收益。成本—收益分析法对研究 PPP 市场对外开放问题具有一定的局限性，这是由于受国际和国内经济、政治、社会等多方面限制，政策实施的影响具有不确定性且较难量化，因此由市场力量、外部性和税收等多重因素造成的政策实施效果的扭曲可能导致实际情况与理想情况存在一定差距。然而，成本—收益分析法依然为市场问题剖析和政策制定提供了思路。

本书研究的创新点在于：

首先是研究视角的创新。目前，学界对 PPP 市场的研究多局限于政策法规角度或项目操作的角度，而本书从对外开放和现实角度，系统总结并分析了影响 PPP 市场对外开放的具有代表性的国际规制、区域经贸合作协定及有关开放战略。此外，已有研究多基于微观视角研究 PPP 模式及项目的具体问题，并没有结合国际 PPP 市场发展情况，从国民经济发展的全局更深层次地进行挖掘并进行比较研究，而本书则是从 PPP 市场对外开放的宏观角度，系统研究 PPP 市场进一步对外开放的影响因素及实施策略问题。鉴于不同国家或地区的状况和 PPP 市场对外开放水平存在很大差异，同时也表现出许多共同或类似的特征和形式等，本书在 PPP 市场对外开放实施策略的研究中也充分考虑了这些异同因素。

其次是研究成果现实性与可操作性的创新。本书针对前文已指出的现有成果的不足和研究方法的缺陷，分析目前 PPP 市场发展及开放中存在的问题，在消除或改进不足的基础上提出开放的模式选择和实施策略，并对 PPP 市场进一步对外开放提出对策建议，由于本书结合了国际和国内 PPP 市场的具体发展情况，在应用上也将更加贴近现实，有利于丰富和发展对 PPP 市场对外开放的相关研究。此外，运用这些理论和方法对中国现状进行的研究将更为客观和实际，由此提出的对策建议和中国 PPP 市场对外开放的模式选择将更具有可操作性。

最后，PPP 市场开放问题是一个涉及公共经济、国际投融资、国际法律和公共管理等多个学科的研究领域，本书研究采取了交叉融合多个学科的方法，围绕 PPP 市场开放理论、国际国内 PPP 市场发展环境、国际规制等方面加以分析和论证，提出中国 PPP 市场进一步对外开放的模式选择及实施策略，并针对中国 PPP 市场在对外开放过程中的国际规制接轨和市场培育等问题提出对策建议。

第一章 PPP市场对外开放的理论与分析

关于 PPP 市场对外开放问题，目前还没有形成比较系统和独立的理论体系。本章将简要概述公共治理、公共产品以及公共选择等理论的关键点，通过对外资参与 PPP 市场进行博弈分析并就 PPP 市场对外开放进行成本收益分析，为后续研究和讨论中国 PPP 市场进一步对外开放问题奠定基础。

第一节 PPP 市场对外开放的理论基础

一、公共治理理论

PPP 属于公共治理范畴并将“共治”作为其基本理念，采取非行政运作方式并引入市场和社会等因素，它改变了资源配置方式，将政府和市场协同起来共同配置资源，并以此调动社会资本的积极性和创造性，因此公共治理理论能够为 PPP 市场对外开放提供理论基础。

公共治理理论主要研究政府在对自身角色的界定过程中，应采取何种方式以满足市场经济的需要，开展市场化改革，同时在公共领域中引入了市场制度的基本观念，建设开放而有效的公共领域，强调社会管理主体的多元性和平等性，认为无论公共机构、私人机构，还是公私合作机构都可以参与到公共事务管理中。虽然政府在社会公共事务管理中起到主导作用，但并不是唯一的主体，其活动不可避免地受到其他社会力量的影响和制约。治理成败的关键在于是否具有制度或正式程序的保证。“治理”概念既涉及非正式规范的理解，也包含正式规范的理解；既可在地方制度安排中加以应用，又能在全球制度安排下得以运用；另外，对于私人部门和公共部门也均适用，从使用范围的角度进行考量，其具备广泛的内涵。从理论范畴来看，治理区别于新公共管理，区别点在于治理是在政府结构之外寻求改革的突破，走向社会共同管理的架构。

公共治理理论的主要命题包括：一是从主体看，既包括政府，还涵盖一系列社会公共机构和行为主体；二是从边界看，对于治理理论而言，政府与市场、政府与社会、公共与私人之间责任与边界的模糊性存在于经济、社会问题的解决方案中；三是从主体之间的关系看，公共治理理论认为政府与社会公共机构、个人之间存在着权力依赖和互动的伙伴关系；四是从运行机制看，公共治理所依赖的网络体系具备自治以及自主的特性，各个参与到公共行政过程中的政策团体共同组成了这一网络体系，而不同于“看不见的手”的市场机制，也区别于传统的单一层级制式的协调方式；五是从行为模式看，公共治理理论认为要重新界定政府的权限范围以及行使方式。张正其（2006）指出，在公共管理体系中，除了政府，个人、企业、社会组织和市场都将发挥管理作用。Orly Lobel（2005）提出了部分包含在治理之中的价值主张，即分权性、参与性、透明性、竞争性以及多元性等。Erik Klijn、Bram Steijn和Jurian Edelenbos（2010）认为，若一个网络能够吸引多元行动者参与，并且政府凭借分权方式来实现运行，那么便称之为治理。James Rosenau（2001）则认为非政府、非正式的机制以及政府机制均包含在治理的内涵之中，也就是说并不需要国家的强制力量来实现治理活动，政府未必是这一过程的主体。Bob Jessop（1998）将治理理论的内在困境概括为四种两难选择：一是合作与竞争的矛盾；二是开放与封闭的矛盾；三是治理性与灵活性的矛盾；四是责任与效率的矛盾。俞可平（2014）认为，治理是公共管理的过程，包括必要的公共权力、管理规则、治理机制和治理方式。上述观点都符合新公共管理的意义之一，将诱因结构（如市场竞争）引入公共服务领域，强调分权、签约外包、准市场机制以及使用者付费，不再由政府行政部门管理，而是让政府把属于市场调节的职能交还市场，另外，为了进一步保障市场运行的良好环境以及制度，应当将切实可行且有效的政策提供给私人部门，以实现政府与市场的最优功能组合。

公共治理理论还指出了从直接的政府管控模式向公私合作的新治理模式转变的必要性。在直接政府管控模式下，受政治过程而非市场决定的政府出资影响，部分市场主体被剥夺了市场主体地位，两者之间形成了“管理—控制”架构。而 PPP 在本质上是一个管理工具，在福利性较强的社会基础设施领域，PPP 更重要的功能是管理，而非融资。PPP 模式下，具有独立市场主体地位的投资商在市场硬约束下合作提供服务，政府从原来的出资者和资产经营者转变为社会资本的合作者和 PPP 项目的监管者。在基础设施建设及公共服务提供过程中，采用物有所值、私人分担风险且长期的机制，不仅可以促进长期公共服务的可持续性的大幅度提升，同时还降低了政府面临的风险。Helen Sullivan 和 Chriskelcher（2002）认为，为了保证在公共管理以及制定不同层次公共政策的过程中，志愿组织、私人部门以及政府都能够参与进来，应当采取一种半自主的组织机制，即公私伙伴关系。Derick、Brinkerhoff 和 Jennifer（2011）提出下列观点，即在解决复杂社会问题以及资源动员的过程中，公私伙伴关系能够起到至关重要的作用，而不应拘泥于单一行动者身上，如公民、市场以及政府等。

二、公共产品理论

PPP 的制度目标之一是保障政府有效地提供公共物品，以满足公共需求。通常，公共基础设施中的大部分公共产品和服务是可收费的，这与中国现状相符合。在这种模式下，政府为了实现共赢，将会通过合作、约束以及竞争的方式引入第三方机构或企业等社会资本共同进行公共服务和产品的提供。因此，支撑 PPP 市场及其对外开放制度建设的重要理论基础之一即公共产品理论。Samuelson（1954）作出如下定义：他人对于某项产品的消费不会因为个别人对这一产品的消费而减少，那么便称这项产品为公共产品。Musgrave（1969）认为，受益上的非排他性以及消费的非竞争性包含在公共产品的两大本质特征范畴之中，也就是说竞争性并不存在于消费者之间，这便构成公共产品的特征：想要排除其他人而消费某产品是不可能的，即消费的非排他性；增加消费者的边际成本为零，即其他消费者的消费水平不会受到消费者数量增加的影响，这被称为消费的非竞争性。公共安全以及国防服务等都包含在经典的纯公共产品范畴之中，其他居民对公共安全以及国防服务的消费过程不会因居民数量的增加而下降。一国的居民有权享用国家提供的公共产品。根据非排他性和非竞争性两个特征，所有产品可以分为私人产品、准公共产品和纯公共产品三大类。其中，还可以用不能排他但有竞争性的“共用品”以及非竞争但能排他的“俱乐部产品”来对准公共产品进行进一步划分。Buchanan（1976）又对经典公共产品定义进行了改进和补充，他认为公共产品或劳务指的是由社会团体或集团决定将产品或劳务通过集体机构实现提供。制度学派则认为经济学家通常用“公共产品”来称呼政府提供的集体的或公共的利益，而这一产品的消费范畴还应当包括那些没有购买任何集体或公共产品的人，如张五常（2001）提出交易成本会约束交易过程，公有产权存在于公共产品之中，也就是说前者属于一种制度安排。但是，公共产权的产生却不限于单一的“搭便车”困境，也不应当仅仅考虑下列消费特性，即非排他性和非竞争性，而是应当在对公共产品的概念属性进行考察的过程中采用外部性视角，这是相对于“公有产品公有产权，私人产品私有产权”的简单逻辑而考量的。公共产品提供的责任主体不应当是市场，而应是政府，这是因为之所以发生市场机制失灵的情况，源于公共产品在消费方面的非排他性和非竞争性，因而市场和政府依据公共产品理论分别提供私人产品和公共产品，有助于界定政府职能范围，并解释政府产生的理由。

公共产品理论在一定程度上能够解释 PPP 制度存在的必要性及其体现出的公共性。PPP 制度的存在与政府职能紧密相关，现代国家政府职能一般包括宏观调控、市场规制、社会管理和公共服务等方面，对于政府公共服务职能而言，PPP 市场及其对外开放制度与之存在十分密切的联系。准公共产品以及纯公共产品为公共产品的两大类型，这是由公共产品理论所划分的，两种公共产品与政府职能存在一定的对应关系，即政府的宏观调控和市场规制职能要求政府作为，为市场经济提供良好的外部竞争环境，在这一层面上政府需要提供的是纯公共产品。而在强调多元治理与和谐共赢的背景下，政府可以在提供公共服务以及开展公共管理的过程中利用一定的市场资源，而不必限于公共服务以及社会管理职能的履行过程，因此政府在履行这两项职能时提供的是准公共产品。基础设施建设和公共服务供给能够通过市场主体的“参与”实现，不仅体现了 PPP 的公共性，也是政府和社会资本合作的基础。在政府和社会资本合作建立的伙伴关系中，由于公共服务的公共产品属性，为保障公共利益、维护国家安全，政府仍然是主要的供给主体。这也避免了由政府单独提供公共服务对服务供给质量和效率以及公共利益造成的影响。

根据上述理解，PPP 市场对外开放是针对具有准公共产品属性的公共服务提供做出的制度安排，体现了 PPP 市场开放的公共性。目前，中国准公共产品仍然处于严重短缺的状况，其主要原因是中国准公共产品供给资金不足，供给主体单一，供给结构不合理，尤其在政府财政投入不足、效率有限的情况下，通过引入社会资本，逐步扩大国际资金参与领域，充分利用外资发展中国的准公共产品是必要且可行的，有利于满足公共需求，有利于社会公众获得质量优良的基础设施和高效便捷的公共服务，实现合作共赢。因此，基于社会公众对公共产品的需求，政府采用 PPP 模式具有必要性，与此同时，PPP 市场对外开放的公共性也得到了切实体现，构成 PPP 引入包括外国资本在内的社会资本的核心目标，即将公共服务提供给社会公众。总而言之，为了更好地理解包括公共权力行使、公共利益保障、PPP 市场开放的公共性等在内的一系列问题，应当在 PPP 市场对外开放的研究过程中将公共产品理论作为研究的理论基础。

三、公共选择理论

PPP 体现了市场与政府的关系。中国政府把市场在经济发展中的地位提高到了决定性的层面，明确提出市场应当在资源配置中起决定性作用，即是在强调政府与市场的关系问题。正是由于中国从计划经济体制向市场经济体制转轨的过程中，在部分领域存在公共选择理论所说的“政府失灵”，一些国家独有的资源领域在向市场开放的过程中，由于部分地方政府和一些政府机构人员不愿看到自己的权力或利益被市场剥离，丧失既得利益，从而干预市场和市场主体发展。因此，公共选择理论与中国着力厘清的政府与市场关系具有一定的内在联系，也是 PPP 制度建设以及 PPP 市场对外开放的理论基础之一。

公共选择理论兴起于第二次世界大战后，是就个人、政府等政治主体的行为特征对政治决策以及市场产生的影响进行分析。公共选择理论以“经济人”为假设，认为为了保证不同组织间能够在管辖以及职能区域上实现重叠交叉，应当凭借分权实现权威分割，另外，为了实现公共服务组织小规模化以及公共组织之间的充分竞争，主张设立非营利机构和私营企业，以摒弃处于垄断地位的政府管理体制。该理论认为并非一定要政府官僚机构来提供公共服务，这在任何逻辑理由中都无法得以证明，而社会与政府的关系问题则构成其核心内容。该理论认为帕累托最优无法通过政府的决策得以实现。因为立法无法有效制约行政权力，而只能局限于政府的决策规则，因此无法判断政府决策是否符合帕累托最优。政府官员通常以部门利益为决策出发点，且政府行为缺乏竞争机制，政府在政策的执行过程中没有成本压力和产权约束，因此存在政府失灵的问题。同时，由于政府行为无法与利润相结合，政府官员的出发点往往是个人得失、政绩和选票，导致政策制定的权力存在滥用的问题。因此，存在机构规模和预算最大化的偏好，增加了政府支出和社会成本，造成资源配置的低效率，不利于公共福利的提升。据此，公共选择理论对政府和市场的关系进行了重新界定，认为政府干预与市场制度一样具有局限性和缺陷，之所以政府可能进一步恶化市场的错误而无法实现对其纠正，是因为政府存在和市场同样严重的缺陷。政府在配置资源时还会从其自身利益出发，很可能导致资源配置出现“负面效应”，即所谓的“政府失灵”。因此，公共选择理论认为应加强宪政改革和市场改革，主张减少政府干预，强调市场机制和自由放任，以防止或减少政府干预产生的负面效应。

公共选择理论深入分析了在政府管理过程中所表现出来的漏洞与弊病，这一过程依靠经济学的思维方法，既有利于以新的研究思路对政府行为进行分析，也为经济学界打开了全新的研究领域。该理论将政府干预失败的原因以及干预经济的限度挖掘出来，对市场与政府之间（市场经济条件下）存在的共同点进行了深刻揭示。另外，还从经济学角度分析了政治市场上各类政治主体及其运行状况，并得出相应结论：政府也可能进一步恶化糟糕的情况，这与市场失灵存在一定的共同点。政府腐败、低效率、具备扩张性、行为短期化以及没有代表性构成了政府失灵的主要表现。

公共选择理论提出了两个改革方向：推进市场化改革或开展宪法和制度改革。利用政治决策改革来促进政治的调整与优化，且为了对政府权力施加宪法或制度约束，将一系列政治和经济活动规则重新构建起来的过程即为宪法改革。要想完善政府职能，市场化改革是一个重要途径，其主要依靠市场力量提高政府的执政效率，使政府免于失灵。公共选择理论强调，由于人们过于重视政府完善市场的职能，而没有发现其实市场也能促进政府职能的改进与完善，如在政府内部建立竞争和激励机制，更多地通过市场机制进行部分公共物品或服务的供给，从而对政府机构进行精简。同时，政府应以适度为原则干预经济活动，并在政府和公共利益之间建立激励共容机制。市场是有自发性的，失灵也是无法避免的，所以政府需要干预市场，但是由于政府失灵这种可能性的存在，政府不一定能弥补市场的不足。因此，既要加强市场优化资源配置的基础作用，又应将政府干预经济的行为限制在一定范围内，避免完全取代市场机制。

因此，基于公共选择理论得出 PPP 模式下处理政府与市场关系的启示。为了更有效地发挥政府管理的作用，预防“政府失灵”，有必要完善法律体系和制度建设，加强对政府的监督制约，让市场主体在制度的保护下自由发展；让政府在制度的约束下避免过多干预市场及滥用政府职能，因此在确立政府机构经济职能时，应该允许市场其他主体共同参与，与政府部门竞争，避免一家独大，出现国企挤占私企的问题；尽量减少干预环节，变审批制为备案制，变市场参与为市场监管。当然，完全照搬公共选择理论的结论也是行不通的，这是由于该理论是在发达国家形成的，发展中国家和发达国家的许多条件不同。中国是一个“后发外生型”国家，政府有必要结合具体国情，在某些领域对经济发展设置准入限制并提供政策引导，从而实现经济的持续、稳定发展，进而维护国家利益。

第二节　外资参与 PPP 市场的博弈分析

博弈论作为研究冲突对抗条件下最优决策问题的理论，也是分析经济主体之间互相作用的有效工具，由于经济主体在 PPP 项目中相互依赖及制约性的增强，因此可以将博弈论应用于对 PPP 市场开放问题的分析。

一、一般条件下外资参与 PPP 市场的博弈分析

假设存在政府和境外私人资本投资者（以下简称投资者）两个局中人，东道国与外国均以本国利益最大化为目标做出理性决策，一国 PPP 市场对外开放，即会有外国投资者竞标 PPP 项目，政府 PPP 项目建设的总预算为 m，在满足预算约束的前提下，要求达到最大的公共产品总效用，如果公共产品 k 是由社会提供的，并且它可以达到社会总需求，那么社会就需要投入 m_e 的成本给 k，但是由于预算约束的存在，假设政府提供的公共产品种类为 N 种，这时就很难实现各种公共产品的供需平衡。政府提供的 N 种公共产品能够满足预算约束条件，并且实现最大化的总效用，公共产品 k 的投入成本为 m_k。但是，政府在供给公共产品时受到预算约束的制约，因此就会出现无法供给足量公共产品的情况。如果想要提升社会公共产品的总效用，政府需要通过 PPP 模式引入投资者参与到项目中。

当政府独立出资时，政府投入资金 m_k 给公共产品 k，此时能获得 $U_k(m_k)$ 的社会效用，而 $U_{-k}(m-m_k)$ 是向其他公共产品投入时产生的社会效用，那么 $U_k(m_k)+U_{-k}(m-m_k)$ 则是政府提供公共产品的社会总效用。在项目引入投资者的情况下，仍需要投入资金 m_e 给公共产品 k 才能够满足社会需求。此时，政

府会将 m'_k 投资给产品 k，投资者的投资为 $m_e - m'_k$。产品 k 的社会总效用为 $U_k(m_e)$。而公共产品 k 之外的其他社会公共产品的总效用则为 $U_{-k}(m - m'_k)$。因此，所有社会公共产品的总效用为 $U_k(m_k) + U_{-k}(m - m'_k)$。此时公共产品的供给满足社会总需求，实现最优状态。综上所述，政府在公共产品提供过程中，预算约束限制了政府引入投资者的决定。

再从投资者的角度进行分析，假设 Y(i)为其投资收益函数，其中投资者能够投入资金的总额为 i。假设投资者具有 N 种投资策略，其目的是最大化获取投资收益。因此，其在项目招标中需要付出较多成本以实现竞标成功，成为 PPP 项目社会资本合作方，如项目竞标前的可行性研究及成本评估、与有关政府机构沟通的成本，还有在磋商、谈判、项目投标等其他环节付出的交易成本。

如果在竞标 PPP 项目时，投资者付出了 C 的交易成本，而在项目招标结束后，政府并未选择该投资者，或者政府改变筹资方式，即政府独立出资，而不采用 PPP 模式，那么 $Y_{-k}(i) - C$ 就是投资者的收益，但是如果投资者没有参加招标，其收益为 $Y_{-k}(i)$。如果投资者竞标成功，成为项目的社会资本合作方，参与公共产品 k 的投资，其投资金额为 $i_k = m_e - m'_k$。

如果 PPP 项目中有外国投资者参与公共产品投资，那么本国政府会为其提供 m_t 的税收优惠或者补贴，但是对于外国投资者而言，投资其他国家的 PPP 项目是存在风险的，假设 β 是风险系数，$(1-\beta)Y_k(m_e - m'_k) + Y_{-k}[i - (m_e - m'_k)] - C + m_t$ 即参与其他国家 PPP 项目的外国投资者的收益函数，并且能够得出政府和投资者的博弈支付矩阵，具体如表 1.1 所示。

表 1.1　　博弈支付矩阵

	政府独资	PPP
引入外国投资者	$Y_{-k}(i) - C$, $U_k(m_k) + U_{-k}(m - m_k)$	$(1-\beta)Y_k(m_e - m'_k) +$ $Y_{-k}[i - (m_e - m_k')] - C + m_t$, $U_k(m_e) + U_{-k}(m - m'_k)$
未引入外国投资者	$Y_{-k}(i)$, $U_k(m_k) + U_{-k}(m - m_k)$	$Y_{-k}(i)$, $U_k(m_k) + U_{-k}(m - m_k)$

该博弈支付矩阵的纳什均衡受到不同因素的影响：

第一种情况，当 $U_k(m_k)+U_{-k}(m-m_k)>U_k(m_e)+U_{-k}(m-m'_k)$时，与政府独立投资相比，在创造的社会总效用方面，PPP 模式仍然较低，因此，政府在提供公共产品时会选择独立出资，而不采用 PPP 模式提供公共产品。这是由于在政府投资公共产品 k 时，其通过 PPP 模式投入的金额多于采用独立出资模式对公共产品 k 的投入，即 $m'_k>m_k$，同时，因外国投资者参与 PPP 项目而增加的公共产品 k 的社会总效用，无法弥补政府减少对其他部门投资所造成的社会总效用的下降。因此，尽管政府希望通过 PPP 模式提供公共产品，然而由于 PPP 项目存在招标或谈判的成本，在招标过程中，政府不能通过安排项目的资本结构与股权结构获得较多收益，在博弈中政府必然会选择占优策略，即选择以独立出资模式提供公共产品。因此，有外国投资者参与的 PPP 项目只有在股权结构、资本结构等方面都满足双方的需求，并达成有利于双方的协议时方能成立，实现政府与外国资本的合作。

第二种情况，当 $U_k(m_k)+U_{-k}(m-m_k)<U_k(m_e)+U_{-k}(m-m'_k)$时，在 PPP 模式中引入外国投资者参与，此时能获得的社会效用要高于政府独立出资，这时政府将选用有外国投资者参与的 PPP 模式提供公共产品。这种情况的产生可能基于以下原因：一是引入外国投资者增加了公共产品 k 的社会效用，即 $m_k>m'_k$。由于引入了外国投资者参与公共产品 k 的投资，政府对公共产品 k 的投入金额相应减少，从而增加了对其他公共产品的投入，提升了社会总效用；二是由于股权和资本结构安排较为合理，即使 PPP 项目的招标或谈判结果导致政府对公共产品 k 的投入相对增加，此时政府由于减少在其他公共部门的产品投入而导致的社会效用下降会通过公共产品 k 提升的社会效用得到补充，并且还有剩余。所以，与政府独立出资相比，如果在 PPP 模式中引入外国投资者所获得的社会总效用较高，那么在提供公共产品时，政府会优先选择在 PPP 模式中引入外国投资者。

在第二种情况中，外国投资者是否参与 PPP 项目并提供公共产品所带来的收益的比较关系决定了在政府与投资者之间是否存在博弈的均衡解，即通过比较$(1-\beta)Y_k(m_e-m'_k)+Y_{-k}[i-(m_e-m'_k)]-C+m_t$和 $Y_{-k}(i)$的大小，得出政府和投资者博弈的均衡解。当$(1-\beta)Y_k(m_e-m'_k)+Y_{-k}[i-(m_e-m'_k)]-C+m_t<Y_{-k}(i)$时，纳什均衡解为（不参与，PPP），与之对应的投入支付为$\{Y_{-k}(i), U_k(m_e)+U_{-k}(m-m'_k)\}$，此时，纳什均衡解是无效解。当$(1-\beta)Y_k(m_e-m'_k)+Y_{-k}[i-(m_e-m'_k)]-C+m_t>Y_{-k}(i)$时，在公共产品 k 的生产中，如果外国投资者参与其中能获取更高的收益，此时，纳什均衡解为（参与，PPP），与之对应的投入支付为$\{(1-\beta)Y_k(m_e-m'_k)+Y_{-k}[i-(m_e-m'_k)]-C+m_t, U_k(m_e)+U_{-k}(m-m'_k)\}$。

综上，外国投资者参与投资国 PPP 项目的收益不仅受投资者参与项目招标谈判的交易成本等的影响，还受到政府补贴金额、税收优惠以及投资国的政治、经济、文化等其他风险的影响。通过对政府与投资者博弈结果的分析，外国投资者参与 PPP 项目存在纳什均衡，并且在这一均衡下能够实现帕累托最优。

二、区域经贸协定下外资参与 PPP 市场的博弈分析

根据上文中关于 PPP 项目引入外国投资者的博弈论分析结果，投资者如果满足纳什均衡条件，那么其就会参与投资 PPP 项目。投资收益方面，就在技术、资本、管理等方面占据主导优势的发达国家投资者而言，其技术、资本等要素与投资国的自然资源和劳动力等要素禀赋形成互补。2008 年国际金融危机导致发达国家的内部市场趋于饱和，并且全球经济复苏缓慢，在这一背景下，新兴经济体成为发达国家的战略投资市场。与外国投资者相比，东道国的本土投资者虽然具有熟悉当地市场、劳动力价格相对较低等本土优势，但其在参与 PPP 项目的过程中，能够通过 PPP 模式在与外国投资者的合作中提升自身的技术、管理和运营等多方面能力，进一步提高投资者的劳动生产率水平。投资风险方面，尽管外国投资者在参与投资国 PPP 项目过程中可能面临多方面风险，包括投资东道国地方政府干预、监管风险、政治风险、技术风险等，但在区域经贸合作背景下，各国之间贸易、投资等多方面合作协议的签订，不仅能够降低外国投资者进入投资国的门槛和有关交易成本，更为外国投资者

投资有关项目外部风险的规避提供了制度保障，大大减少了外国投资者参与投资国有关合作项目的顾虑。

由此，在这一背景下，外国投资者的投资风险 β' 满足 $\beta'<\beta$，其投资者收益，即 $(1-\beta')Y_k(m_e-m'_k)+Y_{-k}[i-(m_e-m'_k)]-C+m_t$ 将相应提高。在经贸合作发展的背景下，通过签订双边或多边经贸协议相互开放 PPP 市场，不仅能够有效降低外国投资者参与投资国 PPP 项目的投资风险，提高投资收益，进一步提升外国投资者在 PPP 项目中的投资愿望，还能通过多方合作实现资源的优势互补以及公共产品更好的生产和提供，形成投资东道国和外国投资者的共赢局面。

因此，有关国际和区域经贸合作规制能够在一定程度上降低外国投资者的投资风险，通过改变投资者收益函数、降低外国投资者参与投资东道国 PPP 项目的相关成本，影响外国投资者参与投资东道国 PPP 项目建设的有关决策。同时，在投资东道国投资 PPP 项目时，外国投资者的收益除了受交易成本，如招标谈判、投资者生产率水平等的约束，还会受到其他诸多方面的限制，如政府提供的补贴、税收优惠和投资国的政治、经济、文化风险等。通过博弈论分析可知，外国投资者参与 PPP 项目存在纳什均衡，并且在这一均衡下可以实现帕累托最优。

投资者在本土投资的生产函数为 $Y_{-k}(x)$，在境外 PPP 项目中投资的生产函数为 $Y_k(x)$，二者之间是存在差异的，所以投资者的投资决策以及投资收益都会受到影响。虽然经贸合作协议能够在一定程度上降低投资者的交易成本和投资风险，提高投资者收益，但不同的外国投资者在投资他国 PPP 项目中的收益不尽相同。另外，规模大、成本高、收益慢、周期长等公共产品供给的特点也将影响投资者行为，投资者是否能参与到其他国家的 PPP 项目中取决于其抗风险能力的大小。同时，在经贸合作协议签署背景下，PPP 市场将吸引更多的较为成熟的外国投资者参与，从 PPP 市场引入外国投资者的博弈论分析结果来看，如果外国投资者可以满足纳什均衡条件，那么其通常会投资其他国家的 PPP 项目。

就外国投资者参与他国 PPP 市场而言，经贸合作协议通过建立国家层面的合作，不仅能够通过制定条款减少不同国家政治、经济和文化等因素差异的制约，还增强了政治互信，从而降低了外国投资者参与他国 PPP 项目投资的外部风险。同时，在 PPP 市场相互开放的基础上，双边或多边经贸协议的谈判和签署能够有效实现利益捆绑和风险分担，进一步促进外国投资者参与投资东道国 PPP 项目，推动项目投资的成功。

第三节　PPP 市场对外开放的成本收益分析

一、PPP 市场对外开放的收益

（一）溢出效应

东道国的技术进步以及资本积累受益于外国直接投资，这主要由于外国直接投资不仅包括资本存量，还包括知识和技术。中国经济及市场主体在 PPP 市场对外开放过程中将直接或间接受益于外资企业在华投资产生的溢出效应。发展经济学理论的研究重点在于外国对发展中东道国投资时对该国经济产生的影响，其强调东道国经济会由于吸引外国的直接投资而获得资本积累。当外资企业提高其在投资东道国公司的生产力，同时并未完全带走利润时，外商投资即产生溢出效应。国内企业也将受益于溢出效应，即通过学习和复制外资机构用于本地 PPP 市场的技术，或通过雇用经过外资机构培训的员工提升自身竞争力。同时，外资进入 PPP 市场带来了更加激烈的竞争，推动国内企业提升现有资源的利用效率并寻求技术或管理的创新。因此，外商直接投资的流入不仅能带来紧缺的资金，并且以跨国公司为代表的外资企业具有规模经济、技术以及运营、管理等方面的优势，因此其还能带来新的技术、管理模式和市场营销手段。

Rostow（1960）提出外资能够解决发展中国家在经济发展初期的资本短缺问题。Chenery 等（1996）完善了发展中国家引进外资必要性的理论，强调发展中国家的有效供给无法满足实现该国发展目标所需的资源数量，因此只有吸引外资才能解决发展中国家资金不足的问题，使其能够有更多的资金用于投资和进口，进而实现经济的增长。Findlay 等（1978）认为有着先进的管理经验、技术以及营销技巧的跨国公司会对东道国产生好的影响。Todaro（1985）指出跨国公司向东道国提供了包括技术知识、管理经验和企业家才能在内的"一揽子"资源，通过人力资源培训项目和"干中学"的过程传递给当地的企业。

在 PPP 市场对外开放过程中，外商直接投资 PPP 项目，无论外资企业是否愿意，都将产生副产品，即这种经济行为都会产生外部性，即"溢出效应"。以技术溢出效应为例，技术溢出是跨国公司影响东道国市场主体技术水平的重要途径。在开放经济系统中，一国的技术进步在取决于国内的研究与开发投入的同时，也会受到外商直接投资、国际贸易、信息交流、劳动力输出等与其他国家有关的研究与开发行为的直接或间接影响。某一个国家或地区的技术进步是由于另外一个国家的研发或者是创新活动所引起的，这是一种外部性现象，即"技术溢出效应"，跨国公司的外商直接投资（FDI）是形成技术溢出效应的桥梁。技术溢出中的"技术"包括生产技术以及用于降低成本的生产方法和工艺的改进、管理方法等。技术溢出效应将有助于提高东道国当地 PPP 市场主体技术和管理以及运营的水平，体现了经济的外部性。技术溢出效应的表现会受到技术等级、外资企业对技术的管控程度和东道国条件的影响。与直接的技术许可以及技术贸易相比，外商直接投资能获取更明显的技术溢出效应，这主要是由于这种行为能促进管理技术、人力资源开发的扩散和转移，而外商投资企业的管理人员能有更高的当地化程度则是技术溢出效应的最突出表现。

与同行业的民营企业和国有企业相比，外商投资企业通常具有更加先进的技术，如服务业跨国公司对相同行业内的东道国企业技术和管理水平的影响是竞争与示范效应产生的技术溢出，比如将外资引进服务业会形成竞争效益，在提高国内服务质量的同时，价格也将降低，技术溢出成本相应减少。此外，受雇于跨国公司的东道国本地人员通过 PPP 项目流动到当地企业或自己创建公司，从而把服务业跨国公司先进的服务生产技术和管理经验等重要信息带到本地企业，产生内外资企业之间人员流动带来的技术溢出效应。值得注意的是，由于跨国公司具体投资形式的不同，如独资、合资或合作方式，会不同程度地影响东道国技术溢出。通常情况下，独资形式会对东道国产生最小的技术溢出效应，而与之相比，合资、合作形式的服务业外商投资企业会产生更多的技术溢出效应，其原因在于合作和合资形式的投资产生技术溢出效应的渠道比其他投资形式多。PPP 市场引入外资的溢出效应是一个动态的综合过程，不仅涵盖产品技术的转移，如机器设备、中间品等，还包括软技术的扩散以及渗透，如企业家精神培养、人才培训、技术服务咨询、组织管理技能等，促进了新技术的开发和创新机制的形成。

由此可知，在 PPP 模式中，包括政府在内的东道国当地市场主体通过 PPP 项目合作协议的签订与外商投资企业进行关联活动，不仅能够为项目融资，还能获得新技术带来的利益，提高项目的建设、管理和运营效率；同时，随着越来越多的外商投资企业参与国内 PPP 项目的竞标，PPP 项目参与者之间的竞争更为激烈，一方面本土竞争者出于占领市场以及加强自身优势的目的，模仿学习国外同行业的先进技术和管理方式，另一方面加强自身的创新能力，主动加大研发投入，提高研发水平以不断改善生产能力，从而体现出外资进入 PPP 市场的溢出效应。这些效应带来的价值是外商投资企业无法进行内部化的，对 PPP 市场及主体具有正外部性。

（二）协同效应

协同效应是指在复杂且非稳定的系统背景下，互相不协调的子系统之间通过相互作用产生的某种整体效应，即协同产生的效果。在战略管理的支配下，通过耦合手段实现各项战略活动的有机整合以及组织的整体功能。协同效应能够降低成本、提高效率和创新能力，同时，利益相关者通过博弈有利于在实现各方利益的基础上产生协同效应，推动经济社会的健康持续发展。Ansoff（1985）首先提出了协同性的概念，认为以资源共享为前提，两个企业之间是共生互存的关系，强调将互相独立的组成部分通过一定方式加以组合，并呈现整体经营效率。Buzzell 和 Gale（1987）也对“协同”做出了界定，认为协同是企业群整体的一种业务表现，这种业务表现由各独立组成部门进行简单汇总而形成。邱国栋等（2007）指出，协同效应由共用效果、互补效果和同步效果三者之和组成。丘开浪（2016）指出，在 PPP 项目中，政府和社会资本合作的长期性、互补性以及科学的绩效导向和协同收益共享机制，使得合作富有协同属性。

由于外资具有设计、建设、投融资、运营维护等方面的专业优势，在外资参与 PPP 项目的过程中，政府与外资合作产生的效益将大于政府与社会资本未合作前在该项目上产生的效益总和，即产生协同效应，包括经济效益、社会效益等。在 PPP 选择社会资本合作机构的过程中，政府与社会资本之间达成合作是 PPP 项目产生协同效应的基础和前提。政府采用 PPP 模式的目的在于提高效率，满足公共需求并推动改革。在 PPP 项目中引入外国资本能够发挥外国资本合作方的专业优势，不仅能够在一定程度上解决基础设施和公共服务提供方面的资金瓶颈问题，满足社会需求，更能够提高项目管理水平，提高效率，节约成本。其中，PPP 项目引入外资产生的协同效应体现在管理、技术、文化以及品牌等方面。管理协同效应主要表现为通过借鉴外国投资者管理经验提高管理效率、降低管理费用等。技术协同效应则是利用外国资本合作方的技术优势提升项目效率并带来超额收益能力，实现物有所值。经营协同效应主要体现在对 PPP 市场价值链的整合方面，整合全球包括市场、技术、人力和资金等在内的最优资源，有利于开发生产要素的潜在价值，提高效率，创造市场和价值。品牌协同效应表现为外资带来的品牌超额收益，有利于降低成本，增加收益。文化协同效应则体现在外资为保证在 PPP 市场中顺利发展，需要一定程度的本地化以及对文化的认同，提升政府与包括外资在内的 PPP 项目合作方在经营、管理等方面的一致性，在提高效率的同时也能降低经营风险和管理成本。PPP 项目引入外资可以产生不同的协同效应及影响，具体如表 1.2 所示。

表 1.2　　开放条件下 PPP 项目的协同效应类型及影响

协同效应类型	协同效应的影响	影响结果
经营协同（价值链整合）	创造市场	收入增长
管理协同	管理效率提高	成本费用下降
	管理费用降低	
	采购成本降低	
品牌协同	品牌超额收益能力	收入增长、成本下降
技术协同	技术超额收益能力	收入增长、成本下降
文化协同	经营风险降低	企业个别风险报酬率降低
	管理成本下降	成本费用下降

协同效应源于政府与外资企业的优势互补，公共部门不仅是项目的合作方、促进方和参与方，同时也是监管者，并以实现社会效益为目标，其优势在于自身的宏观调控职能、政策的制定权力以及较强的抗风险能力，但其竞争和激励机制的缺位导致了政府行为的低效率。而外资企业作为项目的股东，虽然其政策性风险的规避能力较弱，但其具有的趋利性以及良好的竞争激励机制，使得外资企业能够将自身较强的资金实力、先进的生产技术以及丰富的管理运营经验投入到项目之中。正是由于政府和包括外资在内的社会资本的优劣势明显且存在一定的互补性，因此双方的协同发展将为项目的顺利建设和运营提供有力保证。

（三）制度变迁效应

国家制度直接影响国民经济的发展，中国的经济制度变革一般来说体现在四个方面，分别是产权政策的改变、市场化率、分配制度改革以及对外开放。可以说，一个国家的经济表现在很大程度上体现出制度倾向，其中进一步扩大利用外资规模，开放 PPP 市场这一政策本质上也是制度变革的一种形式。新制度经济学认为，制度改革和技术提高在利益驱动方面是一致的，与之相关的行为对象都持有最大化利益的目的，并且只有在行为对象判断出相应的制度改革能够获得超预期收益时，相关主体才有可能支持并采取行动实现这一变革，这是制度变迁的原则。Lewis（1955）认为，制度对经济的影响效果有很多决定性因素，表现在制度能否保证市场主体因努力而获得相应的回报，也表现在是否存在专业划分并且允许开展贸易的广泛程度，以及能否最大限度地实施开放政策。Lewis 强调了国与国之间的政策有很大不同，而且不同国家的政策时刻都在发生改变，只是有些国家快而有些国家慢，不同的政策有可能对经济有促进作用，当然也有可能阻碍经济的发展。制度变迁直接影响经济的发展。

在制度变迁过程中，一国可能采取主动应对的态度，也可能被动接受新的制度。其中，积极推动全球和区域的贸易和投资自由化、逐步实现市场对外开放是国家制度变迁的重要途径之一。PPP 市场进一步对外开放促进国家制度变迁（演进）的渠道和机制主要体现在：从宏观层面看，对于一个国家来说，扩大市场准入范围表明需要进行更多的相关政策及市场规则的改革，并且无论改革主动与否，金融体系政策、相关法律规范、准入限制和本土内针对相关行业的不同限制等各方面将与国际规制趋同。就中国而言，PPP 市场逐步融入全球 PPP 市场需要从根本上将国内相关制度与区域经贸合作协定、政府采购协定（GPA）、双边或多边投资协定等国际规制进行衔接，这表明部分行业的市场准入限制将逐步松绑，需要不断完善有关制度安排并加强政府的宏观调控能力和监督力度。在这一过程中，PPP 制度创新将深入到国内市场的各个层面，国内 PPP 市场环境也将随之改善，这一系列制度变迁也将对中国经济和社会发展产生深刻影响。从微观视角来看，在国家开放进程中，不同参与国之间频繁的信息交流类似于网络信息传输一般非常高效，这使得本土企业接触并学习外国企业的管理制度及相关成功经验变得更简单了。PPP 模式由于其建立的伙伴关系的特殊性，项目社会资本合作方可能由国内企业和外资企业共同组成，这对于本土企业而言是一个重要的学习契机，有更多的机会向外国企业学习先进的管理方法、运作方式等，从而不断改善本土企业的经营理念及管理策略，对企业改进经营、增加盈利和提高竞争能力具有激励作用。

此外，外国资本合作方进入将进一步促进中国 PPP 市场竞争机制的形成，推动 PPP 相关制度变迁。进入中国 PPP 市场的外资企业一般具有较为先进的管理经验和技术水平，其项目运作经验相对成熟，并对国内有关企业构成了较大的竞争。通过进一步扩大 PPP 市场开放，市场的力量将更多地在国内基础设施建设和公共服务提供中发挥作用。尤其在区域贸易投资协定及 GPA 达成之后，随着 PPP 项目在部分行业领域以及不同地域市场准入和政策限制的逐步取消，外资企业在中国 PPP 市场的参与度进一步加深和渗透力进一步增强，国内企业将面临更为严峻的考验，必须通过提升管理和技术水平、降低成本、提高效率、改善服务质量等措施应对外资企业的竞争，这将有利于推动国内 PPP 市场有关竞争机制的调整和完善，并依据国际规制的有关要求，逐步建立公开、公平、透明、成熟的 PPP 制度体系。

二、PPP 市场对外开放的潜在成本分析

（一）国家经济安全

PPP 市场具有特殊性，大规模开放可能会危及国家经济安全。国家经济安全不仅体现在一国抵御各种风险的能力上，还体现在一国为保证经济持续发展建立的战略目标以及为实现目标而采取的策略上。其中，占据 PPP 市场大部分份额的基础设施领域与国家经济安全紧密相关。基础设施产业与国家经济安全密切相关主要源于其产业属性，由于基础设施产业提供的服务具有公共产品的特征，外资的进入和控股可能会降低公共产品可获得性以及公共部门对相关服务价格的控制力，导致服务价格的提高，进而损害社会公众利益。[①]如 PPP 市场中的城市水务项目，随着中国 PPP 市场的

① 国家统计局：基础设施投资是指建造或购置为社会生产和生活提供基础性、大众性服务的工程和设施的支出。《中华人民共和国 2022 年国民经济和社会发展统计公报》中的基础设施投资包括交通运输、邮政业，电信、广播电视和卫星传输服务业，互联网和相关服务业，水利、环境和公共设施管理业投资。

逐步放开，中国城市水务项目中的外资比例逐渐扩大，其中不乏全球规模较大、实力较强的水务公司，当外资企业获得项目的部分控制权以及价格方面的话语权后，由于外资企业的逐利性，如果在未来提高有关城市水务项目的价格，将有可能与中国市场的价格承受能力产生冲突。产业安全是国家经济安全的基础，基础设施产业安全则是产业安全的基础。随着PPP市场外资进入规模的逐步扩大，多样化的投资主体和资金来源意味着其对产业安全和国家经济安全威胁性的存在，外资对产业安全的威胁不完全基于对项目的控股比例，还有在技术和管理方面具备比较优势的经营行为对项目的操控带来的实质性影响。因此，基于国家经济安全和公共利益角度，部分国家正引入新的限制措施，如部分市场开放国家引入外资的领域主要集中于能源、电力、网络服务和机场建设等，对电力传输和分销等涉及国家经济安全的关键领域有所保留。

此外，PPP市场对外开放可能将对国内相关产业和市场主体产生一定冲击。对于具有特殊地位的基建行业而言，掌握和控制与之有关的市场、资源以及信息将影响一国的经济安全。PPP市场的自由化和开放将使国内市场主体直面发达国家相关市场主体的激烈竞争，对于发展中国家而言，部分产业发展刚起步，其国际竞争力有待提高，而发达国家同类产业在制度安排和技术、管理经验等方面都已较为成熟，如果大规模开放市场，外资企业必然将挤占国内市场主体一定的市场份额，影响国内市场主体和国民经济的健康发展。其中，民营企业就是外资进入PPP市场后受到较大影响的市场主体之一。社会资本合作机构包括了国有企业、民营企业和外资企业等几方面市场主体。改革开放以来，外资企业在PPP市场发展中充当了重要角色，但近几年外资在PPP项目中的参与度有限，民营资本占比也有待进一步提升，国内PPP市场已呈现出国有企业主导的显著特点。其原因在于，随着市场准入的逐步放开，融资难依然是民营企业发展的主要障碍之一，与民营经济在国民经济中愈加重要的地位不相符的是，由于财税、金融等方面服务的不完善，民营企业在投资、贷款方面的资金需求往往得不到满足，而PPP项目对资金投入规模的要求较高，限制了其在PPP市场的发展。此外，以基础设施领域为例，由于在城市建设和发展中的基础性、外部性和公益性作用，基础设施对国民经济发展和居民生活质量的提高具有重要影响，因此政府推行基础设施 PPP 项目时往往从社会公共利益角度出发，更偏好与具有融资能力强、成本低优势的国有企业合作，导致民营资本在 PPP 项目中参与度较低。而当 PPP 市场进一步对外开放后，由于外资企业在资金、技术、管理和运营等方面的比较优势明显，在外资参与 PPP 项目份额逐步提升过程中，民营企业现有的市场份额也易受到外资企业的挤占。

（二）对 PPP 市场监管有效性的挑战

PPP 市场的投融资和运营必须依靠市场这只“看不见的手”和政府这只“看得见的手”协调管理。完全靠政府管制不行，完全靠市场机制也不行。而 PPP 市场逐步向外资拓宽开放领域，对政府提高 PPP 市场监督和管理的有效性提出了更加严格的要求，也需要政府付出更多的成本。一是治理能力方面，虽然外资企业有可能提供更有吸引力的投融资方案，但中国当前仍未完全开放所有行业的外资准入，特别是大型基建领域。然而，随着 PPP 市场进一步对外开放，将有大批跨国银行、外资基金以及外资企业进入基础设施和公共服务项目，对政府部门的专业管理能力提出新的挑战。二是在监管政策制定方面，政府在出台新的制度时，需要考量相关各方的综合利益，不能顾此失彼，要充分征询投资者、运营者、消费者等参与者的建议，以及包括国有企业、民营企业以及外资企业在内的市场各方主体的意见，一方面提高基础设施建设和服务的质量，另一方面维护参与项目的各方主体的利益，这对政府的政策制定能力提出了更高的要求。三是培育和完善市场竞争机制。PPP 市场在开放前需要进行竞争性重组，引入相关管制政策和机制，有利于明确潜在投资者的竞争规则以及政府对特定项目的管理。四是 PPP 市场进一步对外开放后，由于外资参与规模的扩大、数量的增多以及社会资本合作方构成的多元性，政府评估项目需要花费更多精力，还要应对高难度的合同交涉问题，从而尽可能降低各方风险水平，因此推动 PPP 项目需得到专门机构的协助。PPP 项目的推进离不开规范的程序制定以及相关各方在制度和技术层面给予协助，另外，在此过程中，为项目配备专业化的服务团队必不可少。五是对东道国政府提出高效选择性要求，并针对具体项目的参与度做出合理决策，寻求保障外资企业参与 PPP 项目能够带来预期发展效应的方式，因此政府部门需要提升必要的引导、谈判、监督和管理项目方面的能力，尤其在基础设施项目的投资方面，需要政府和社会资本合作方进行比较密集的谈判，形成反映项目特定要求及项目各方意愿的合作协议。然而，政府部门与外资企业在技术、信息和经验方面存在不对称性，因此政府官员在协议谈判过程中对资源的利用能力不及外资企业，需要政府对有关官员在外资参与的 PPP 项目谈判、监管和执行等方面付出一定的培养成本。

此外，由于 PPP 这一模式的特点，以及 PPP 项目多涉及国计民生和国家安全等重要领域，其付出的失败成本将远高于其他项目，对公共利益造成的负面影响也较大，这决定了政府部门需要提升对 PPP 市场进行有效监管的能力。然而，中国当前的监管手段和方式仍相对落后，这间接增加了 PPP 项目中外资参与方违约的可能性，另外也会影响本土资金的使用和有效性。通过加强项目监督预防风险是保证 PPP 项目成功执行的重点问题，需要建立起完善的行政监管程序以及有效的外部监督机制，对监管有效性提出了一定的挑战。

（三）世界经济波动对 PPP 项目物有所值的影响

物有所值（VFM）的概念起源于英国，当前已经运用在美国等多个国家的 PPP 实践中。具体来说，VFM 是将两种模式下的总投入进行对比后的结论，一种是实施 PPP 项目后整个项目周期内所有的投入，另一种是对应的政府单独运作条件下进行基础设施建设和维护的投入，对两种模式的投入进行相互比较以判断是否存在价值增长。在预先设定评价指标的基础上经过比较得出相应的结论，如果结论表明确实物有所值，则一般有两种情况：一是获得收益相同而花费更低；二是花费相同而收益更多。VFM 旨在减少开展 PPP 项目的盲目性，特别是在政府支持民间资金涉入公共设施建设的前提下，公共项目通过 PPP 模式建设、运营并不一定都有积极的效果。VFM 存在的意义在于对比两种模式下带来的经济效益，尽可能使资源产生更大的效益，从而在保证公共设施建设效果的前提下降低投入。

各国和国际组织对 PPP 项目的 VFM 持有不同的界定和评判标准。对于 VFM，世界银行 PPP 基础设施咨询基金给出的定义是，在提供用户想要的服务的基础上，实现收益和成本的最佳组合；欧洲投资银行 PPP 专业技术中心给出的定义是，与其他可供选择的采购方式相比，可以为社会提供更多的收益；英国政府对其定义为，以全寿命周期成本和质量的最佳组合来满足用户的需求；加拿大 PPP 中心对“物有所值”的界定是，在同一时点，采用传统采购模式的项目全部费用（即公共部门比较值，PSC）与同一项目采用 PPP 模式的全部费用的比较；澳大利亚基础设施中心给出的定义是，“物有所值”是私营部门提供服务的结果与风险转移程度对政府财政的综合影响；新西兰政府界定为，尽可能减少成本投入，特别是最大化利用资源价值，从整体角度评估项目实施的投入和成果，并比较不同模式对最终目标的促进程度；美国联邦公路管理局对 PPP“物有所值”的界定为，为了满足用户需要的产品或服务的全寿命周期成本和质量（或目标的适用性）的最优组合。

VFM 评价主要参考定量评价指标，同时也会以定性评价作为辅助。然而，定性评价尚不存在明确的参考指标，其评判结果主要来自专家的主观评估以及综合性评价，评判方法一般是综合考虑预先设定好的评判对象、权重、关键点。定量评价则较为科学，并且评估方法更为具体，只需对比两种模式下整个项目周期可能的 PSC 的大小，从而做出判断。简言之，就是比较传统模式下项目周期中的 PSC 和 PPP 模式项目周期中的总投入值（LLC）的大小，这两项投入值的差额代表了“物有所值”，VFM=PSC－LLC。PSC 评价指标是基准指标，涉及众多参考对象，包括服务水平、风险负担等，该指标包含 4 个重点部分，分别是 PSC 的起始值、竞争中立调整策略、风险转移度以及保留风险。当前，包括澳大利亚、日本等国在内的许多国家都利用 PSC 评估“物有所值”。

政府通过比较 PPP 项目全生命周期成本与传统采购项目成本，来进行项目决策。如图 1.1 所示，PSC 的起始值是评估公共部门参考值的基础，涉及资本投入和运营投入，这个指标表明了在获得与 PPP 模式输出相同程度的公共服务时对应的投入，包含初始的建设和设计投入、竞标费用、运营投入等。PPP 项目的实施关键在于处理好政府和社会资本之间的风险分配问题。这表明评估 PSC 指标要参考可转移风险因素，因其代表了政府和社会资本合作模式下政府转移给其他参与方风险的大小，其计量一般使用历史数据作为参考。自留风险和可转移风险正好相对，其计算方式是一样的，但这部分费用需要政府支付。竞争中立调整则是由于政府提供服务将带来利弊，为了应对这些利弊而做出的投入改变，其有利方面在于征税，其不利方面在于监督所需的投入。当 PSC 明显大于在整个项目周期内完全由政府单独实施项目的净投入的现值时，传统采购方式对应的投入大于社会资本参与其中时的投入，在 PPP 项目中引入社会资本较为划算。当公共部门比较值与全生命周期政府支出净成本现值相近时，即 PPP 模式处于能否采用的边界时，则侧重通过定性评价进行选择。

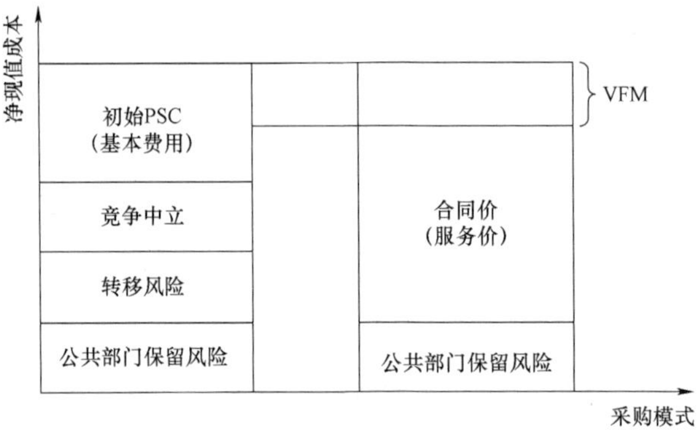

图 1.1　公共部门参照标准法下的物有所值计算

值得关注的是，在 PPP 市场对外开放条件下，开放的经济环境在引进资金、技术和成熟的项目管理方法的同时，也增加了国际经济环境的不确定因素对 PPP 项目 VFM 的影响。这是由于经济危机的发生将导致国际投资者产生心理恐慌并形成大量的风险规避行为，从而导致国际资本市场的流动性不足以及信贷成本上升。以英国为例，2008 年国际金融危机的发生导致英国 PPP 市场形势愈加严峻，贷款提供的机会变少，发放贷款的限制增多，融资标准提高，贷款成本更高。同样的项目在申请贷款时，在国际金融危机以前，贷款相比国债只高了 80 基点，然而在国际金融危机后，利率超过国债 250 基点。融资成本的增加导致 PPP 市场上外资企业的投融资较为紧张，提高了 PPP 项目的资金成本以及信用风险。在这种情况下，PPP 模式下项目周期总投入的增加额将高于传统条件下项目周期总投入的增加额，从而影响 PPP 项目的“物有所值”，如 2008 年国际金融危机导致英国 PPP 项目融资的资金成本上升了 20%～33%，从而使 PPP 项目的总成本上升了 6%～7%，PPP 项目的“物有所值”受损。英国政府为提振境外投资者的投资信心，通过大量的政府资本注入和担保计划，维护了 PPP 市场的秩序。因此，在 PPP 市场进一步对外开放的背景下，PPP 市场将受到国际经济环境对外资影响的波及，进而影响 PPP 项目“物有所值”目标的实现。

（四）制度变迁的成本

制度变迁的成本之一即实施成本，指的是在制度改变后由于信息和知识等不完整以及制度不确定性等因素引起的经济损失。这种损失在旧制度废除到新制度实施的过程中不可避免，也是落实新制度的成本投入。制度变迁的关键在于投入成本的最小化。

PPP 市场的对外开放是伴随制度变迁的开放。虽然 PPP 市场对外开放推动的制度变迁的收益能够通过基础设施和公共服务让社会大众共享，但是对于政府来说，制度安排的改革和变迁则需要付出时间和资金成本。由于中国经济正处于转型期，PPP 市场的相关制度及运行机制并不成熟，需要付出更高的成本实现资源的最优配置，如在 PPP 项目社会资本合作机构的选择方面，中国加入 GPA 后，社会资本合作机构的选择将与 GPA 的相关规定接轨，而 GPA 规范的对象主要是政府部门及其制定的有关政策，而中国有关 PPP 的法律体系尚不健全，虽然政府采购领域的制度和法规较为完备，但与 GPA 等相关国际规制相比仍存在一定差距，因此在开放过程中的体制机制调整和变革都将付出一定成本。此外，由于自由贸易协定、投资协定和 GPA 等在部分议题，如国有企业、涉及国家安全的关键领域等方面的出价，存在一定敏感度，并且各成员方在国内法律制度、组织机构以及管理体制方面存在差异，因此容易造成谈判的分歧，增加有关领域谈判的难度。

第二章 中国 PPP 市场对外开放的国际环境

第一节 国际 PPP 市场发展特点

一、从国家和地区看，新兴市场发展较快

随着新冠疫情后经济的持续复苏，2022 年是恢复社会资本基础设施投资的重要一年。然而，全球经济放缓和对滞胀的担忧加剧给社会资本投资带来了不确定性。2022 年的私人投资超过了 2021 年的规模，但这种增长只能在少数特定国家看到，并且在区域上是分散的。世界银行统计显示，2022 年上半年，全球 PPI 项目投资达 423 亿美元，接近 2020 年上半年 221 亿美元投资规模的 2 倍，比 2021 年上半年增长 24%。PPI 投资持续增长，比 2017—2021 年五年期间上半年的平均水平提高 1%。

尽管社会资本对基础设施项目的投资较多，但在这一领域扩大社会资本投资的需求依然很高，尤其是发展中国家。发展中国家的发展需要增加供水和污水、道路、发电厂等基础设施投资，这些基础设施构成增长的基础，支撑经济活动和人民生活。同时，发展中国家对基础设施的需求正不断增长，根据 G20 全球基础设施中心的预计，到 2040 年，发展中国家的投资缺口约为 15 万亿美元。根据世界银行统计的中低收入国家基础设施私人参与状况，2021 年 PPP 项目投资占全球 GDP 的比重约为 0.8%。为解决仅由政府部门投资基础设施产生的一系列问题，许多发展中国家开始推动更多的社会资本进入这些领域，社会资本对发展中国家基础设施的投资从历史低点开始反弹。

2022 年上半年，PPI 占 GDP 的比例南亚最高，为 0.17%，其次是拉丁美洲和加勒比地区，为 0.16%，东亚和太平洋地区为 0.12%，撒哈拉以南非洲地区为 0.10%，欧洲和中亚为 0.02%，中东和北非的 PPI 在绝对数量和占地区 GDP 比重方面均最低（见表 2.1）。

表 2.1　　2022 年上半年 PPI 投资承诺占 GDP 比重

地区	2022 上半年 PPI/百万美元	2021 年 GDP/百万美元	PPI/GDP		
			2022 上半年	2021 年	2016—2020 年平均
南亚	6 882	4 087	0.17%	0.26%	0.32%
拉丁美洲和加勒比地区	7 417	4 607	0.16%	0.46%	0.49%
东亚和太平洋地区	25 647	20 746	0.12%	0.16%	0.22%
撒哈拉以南非洲	1 882	1 926	0.10%	0.31%	0.30%
欧洲和中亚	756	3 499	0.02%	0.47%	0.22%
中东和北非	205	1 455	0.01%	0.05%	0.24%

资料来源：世界银行。

从投资绝对规模来看，2022 年上半年，中国、印度、巴西、印度尼西亚和越南获得了最大规模的 PPI 投资，总共吸引了 320 亿美元，占全球 PPI 投资的 74%。而南亚在 20 个私人基础设施投资项目中获得了 69 亿美元的投资，位列全球投资规模第三，占其 2021 年该地区 GDP 的 0.17%，接近 2021 年上半年 25 亿美元投资规模的 3 倍，而当时该地区正处于疫情高峰。值得注意的是，尽管 2022 年上半年南亚地区投资已恢复到疫情前的水平，并超过了 2018 年上半年该地区的投资规模，但项目数量仍然很少，实现财务结算的项目数量为 20 个，而疫情前该地区的平均结算项目数量为 28 个。

虽然通常假设社会资本为 PPP 项目提供了大部分资金，但实际上中低收入国家的 PPP 项目融资来源往往具有多样化特点，包括在 PPP 项目中起主导作用的公共部门、开发金融机构和其他商业贷款机构。而商业贷款机构在 PPP

项目中较为积极的原因在于，其认为在中等收入国家对发电等能源项目以及机场等交通运输项目的投资是有利可图的。

从 PPP 项目融资的国际化角度来看，在全球 PPP 项目社会资本分布中，欧洲和中亚本土的社会资本最为活跃，2021 年占地区融资总需求的八成以上。该地区的 PPP 建设项目大部分在土耳其完成，而土耳其本土的银行对项目提供了大部分融资，其他国家的项目则通常由开发金融机构和国际商业银行提供贷款。除此之外，南亚、东亚和太平洋地区的本土投资者对 PPP 项目的投资也比较活跃，其提供的资金占地区总融资需求的六成以上。其中，南亚地区的本土融资主要由印度的银行提供，占总融资额的 90% 以上，而巴基斯坦、孟加拉国和尼泊尔的相关项目资金则主要来自国际融资机构。2020 年至 2021 年全球 PPP 项目投资的资本构成变化如图 2.1 所示。

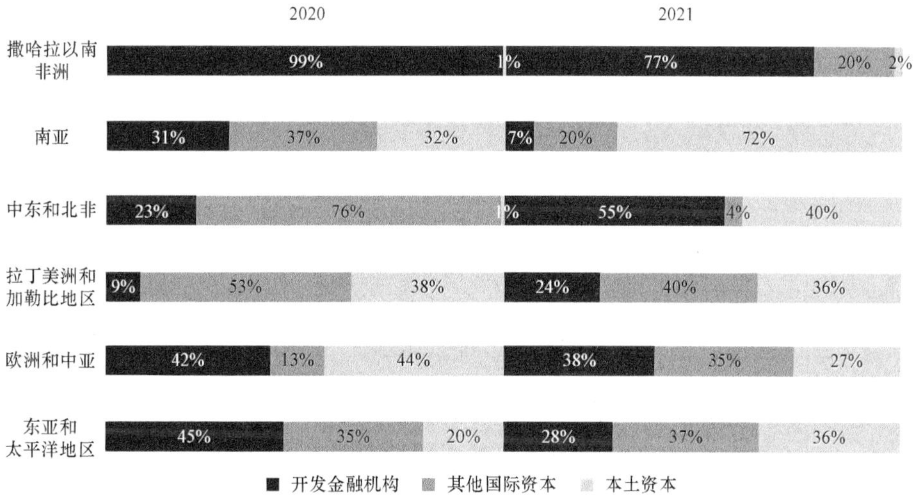

图 2.1　2020 年至 2021 年全球 PPP 领域投资资本构成

资料来源：世界银行《全球 PPI 项目更新报告 2022》。

2021 年，PPP 项目外商投资最为活跃的地区是撒哈拉以南非洲，国际融资机构在该地区提供的贷款占该地区总融资需求的 97%，其中大部分贷款是由开发金融机构提供，比例达到 77%。国际非开发金融机构提供的融资额占总融资比例最高的是拉丁美洲和加勒比地区，其满足了该地区 40% 的融资需求，与 2020 年相比下降了 13 个百分点。而在东亚和太平洋地区，这一比例达到了 37%。巴西 PPP 项目的绝大部分贷款融资都是由当地国有银行和巴西开发银行提供的。在秘鲁、牙买加、哥伦比亚、乌拉圭等国家，绝大部分项目都是从国际银行融资，其中大部分是从开发金融机构融资。在东亚和太平洋地区，65% 的项目资金由国际融资机构提供且 1/4 左右来自开发金融机构。

二、从行业和部门看，PPP 项目投资分布不均衡

全球 PPP 市场投资行业分布不均衡，能源和交通运输项目在数量上占据了主导地位。新冠疫情导致交通基础设施领域的投资几近停滞，而 2021 年交通运输行业引领 PPP 市场复苏，82 个项目总投资达到 438 亿美元，超过了能源行业。2022 年上半年，交通运输行业 PPP 项目投资依然多于能源行业，41 个项目总投资 284 亿美元，占全球 PPP 市场投资的 67%。而 2020 年引领 PPP 市场投资的能源行业有 102 个项目，规模下降至 224 亿美元，同比下降了 26%。2021 年，供水和污水处理行业有 44 个项目，投资额约为 99 亿美元，同比增长了 146%。表 2.2 具体展示了部分行业 2000 年至 2022 年上半年 PPP 项目的投资数量及投资额。

表 2.2　　2000 年至 2022 年上半年主要行业及子行业 PPP 项目投资情况　　单位：亿美元

行业	子行业	PPP 项目数量	总投资额
能源	电力	3 389	7 882
	天然气	281	632
	行业合计	3 670	8 514
信息和通信	行业合计	159	503
交通运输	机场	167	1 285
	铁路	97	947
	公路	1 010	3 502
	港口	342	774
	行业合计	1 616	6 508
供水和污水处理	行业合计	1 008	771

资料来源：世界银行 PPI 项目数据库。

PPP 项目投资在低收入国家的行业分布更为不均，以国际开发协会（IDA）[①]援助国（以下简称“IDA 国家”，PPP 项目未接受 IDA 援助的国家简称“非 IDA 国家”）为例，近几年来 IDA 国家的大部分投资集中于能源项目，比例超过 80%，其次是交通运输、水利和污水项目。能源部门的 PPP 项目主要集中在发电领域，占能源项目总数的 84% 和能源项目投资总额的 86%。值得注意的是，在能源项目中，可再生能源投资总额占比超过一半，项目数量占项目总量的一半以上，其中水电项目最多，其次是风电项目。IDA 国家在可再生能源方面高水平投资的原因在于有关国家针对可再生能源项目投资出台了大量激励政策和监管支持措施。

三、从 PPP 项目类型看，绿地项目占比最大

世界银行将 PPP 项目划分为四大类型：一是未开发工程，也就是绿地项目，即由民间机构或者以公私合营的形式负责某一期限内的具体项目施工和维护，待协议规定期满后将已完成项目的所有权归还给政府，具体包括：建设—租赁—移交（BLT）、建设—运营—移交（BOT）、建设—所有—运营（BOO）、市场化和租用等。二是特许经营合约，即私营机构从公共机构或国有企业获得一定期限的经营管理权并以私人资本支出为主的管理与运营合同，该模式主要针对已存在或部分存在的设施。三是资产剥离，民资机构借助拍卖、公众发行以及大范围私有化等途径获取政府资产。四是管理与租赁合同，即在国家仍具有投资决策权的前提下，私人机构获得一定期限内对国有企业的管理权。

绿地项目占据了世界主要国家 PPP 项目的大部分份额，其次是特许经营合约（棕地项目），而资产剥离项目以及管理和租赁项目则较少。根据世界银行的统计，2021 年绿地项目继续占据主导地位，占所有 PPP 项目投资的 62%。绿地项目的增加源于交通运输行业绿地项目的大幅增加，此外能源行业的绿地项目投资占比约为 54%，并呈现增加趋势。同时，棕地项目投资的绝对规模也大幅提升，从 2020 年的 51 亿美元增至 2021 年的 124 亿美元，这一增长源

① 国际开发协会成立于 1960 年，是世界银行成员，也是世界银行的无息贷款（软贷款）和赠款窗口，通过向生产性项目提供贷款，促进欠发达国家的经济社会发展。

于水利行业项目的大幅增加。由于城市固体废物项目的持续增加，2021 年有 25 个水务棕地项目交易，并进行了 4 次资产剥离，而 2020 年仅有 4 个项目。

值得注意的是，IDA 国家的绿地项目占 PPP 项目比重高于非 IDA 国家。如 2013 年至 2017 年，IDA 国家的绿地项目占比为 85%，非 IDA 国家为 68%（见表 2.3）。

表 2.3　　2013 年至 2017 年间部分 PPP 项目类型所占比重

	项目数量比重		项目投资额比重	
项目类型	IDA 国家	非 IDA 国家	IDA 国家	非 IDA 国家
绿地项目	85%	68%	87%	65%
棕地项目	11%	22%	11%	30%
资产剥离	1%	7%	2%	5%
管理与租赁合同	3%	3%	—	—

资料来源：世界银行。

从上述数据可知，绿地项目在 IDA 国家 PPP 项目中的占比较高，投资总额比重也最大。由于 IDA 国家多为中低收入国家，其绿地项目在投资中的高比重体现了中低收入国家对私人投资新建基础设施项目有着较高的需求。

第二节　国际 PPP 市场规模仍有扩张空间

一、中低收入国家基础设施投资需求将带动 PPP 市场发展

大部分国家或地区的 PPP 市场处于发展中阶段，尤其是中低收入国家，占发展中 PPP 市场的绝大部分。由于基础设施是促进国家发展和经济增长的一个重要因素，与发达国家 PPP 市场不同的是，在这些中低收入国家中，基础设施建设仍处于快速发展阶段并且大部分是绿地项目，因此这些中低收入

国家在基础设施领域的投资需求很高。基础设施需求的迅速增长，以及公共部门在基础设施建设方面的能力有限，使得这类国家的政府更多地寻求社会资本作为合作伙伴，并通过 PPP 模式进行基础设施项目的融资、建设、运营和维护。同时，在许多欠发达经济体市场中，PPP 是以投资形式加强公共基础设施供给成功的合作模式。

受新冠疫情影响，2021 年，14 个 IDA 国家在 20 个项目中获得了总计 36 亿美元的投资规模，占当年全球 PPP 项目总数的 8%。与 2020 年相比，投资水平下降了 41.5%，较过去 5 年平均 58 亿美元的投资水平下降了 38%。IDA 国家在全球 PPP 市场的投资份额从 2020 年的 12% 下降到 2021 年的 4.7%（见图 2.2），低于过去 5 年 7.2% 的平均份额。

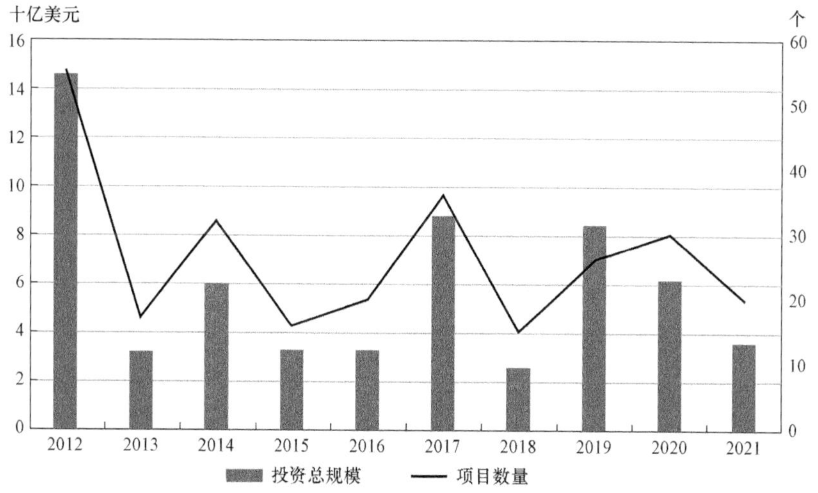

图 2.2　2012 年至 2021 年 IDA 国家社会资本参与基础设施项目情况

资料来源：世界银行。

在过去几年中，IDA 国家的 PPP 项目投资水平与非 IDA 国家的投资水平相同，但是与发达国家相比，欠发达国家的投资无论在地域方面还是在行业方面都更为集中，如 2012 年，IDA 国家 PPP 项目投资达到了高峰，但几乎 1/3 的投资项目集中在老挝一个国家，一年内有 12 个水电项目进行建设。2012 年以来，随着全球 PPP 项目投资的下降，IDA 国家作为一个集团，其

PPP 市场规模变化不大。2021 年，IDA 国家的 PPP 投资无论是地区还是行业仍然呈现高度集中的特点，如刚果民主共和国的三个项目获得了 11 亿美元的投资，科特迪瓦的两个项目有 7 亿美元的规模。仅这 5 个项目加起来就占当年 IDA 国家总投资的一半以上，并且都集中在交通和能源领域。此外，开发金融机构在欠发达国家的 PPP 市场投资中占据了主要地位，大部分项目由多边开发银行（MDBs）和双边发展机构等开发金融机构资助，其余项目投资则来自商业银行和私人企业等提供的资金，或者由公共部门资助，如本土银行和政府。其原因在于，与发达国家相比，欠发达国家 PPP 市场的公共机构及相关法律规范仍有待进一步完善。PPP 市场的透明度、制度安排是否完善等问题仍然是除开发金融机构之外的外商投资企业需要关注和考量的问题。虽然这些国家正在不断健全国内 PPP 市场的法律体系，但是与发达国家成熟的 PPP 市场相比，部分 PPP 市场的改革措施仍然滞后。当然，这也体现出全球 PPP 市场的发展潜力。随着经济全球化和区域贸易投资合作的不断推进，以及部分中低收入国家 PPP 市场的日趋成熟，这些国家将更多地采用 PPP 模式满足基础设施项目投资的需要，同时也将吸引更多数量的除开发金融机构之外的外资企业进入 PPP 市场，国际 PPP 市场规模也将随之扩大。

二、外国资本 PPP 项目的参与度有待进一步提升

据世界银行统计，2021 年的 240 个项目中，有 67 个项目的大部分股权由外国实体持有，占比约为 28%。2020 年这一比例约为 44%。2021 年，外国资本参与的 67 个项目中有 48 个是能源项目，占比为 72%。外国资本参与项目最多的地区是撒哈拉以南非洲，26 个项目中有 19 个项目有外国资本参与，占比超过 70%，其中法国是该地区外国资本的主要来源国，占比超过 1/4。外国资本参与项目第二多的地区是欧洲和中亚，35 个项目中有 13 个项目有外国资本参与，占比约为 37%。在非洲，阿联酋是外国资本的主要来源国，其投资了 4 个可再生能源项目。值得注意的是，2021 年的 240 个 PPP 项目中，有 165 个项目是国内资本发起的，占比接近 70%。其中，中国就有 60 个项目，

并且几乎全部由国内资本投资。此外，巴西和印度的 PPP 项目也主要由其国内的社会资本参与，其中巴西有 24 个项目，印度有 20 个项目。总体而言，外国资本参与了 45% 的项目，总投资额超过 340 亿美元。其中，德国和日本是外国资本主要来源国，分别投资了 83 亿美元和 43 亿美元的国际项目。如一家德国公司赢得了在土耳其经营机场的新特许权拍卖，日本公司在越南投资了一座液化天然气发电厂和一座燃煤发电厂。2021 年，中低收入国家 PPP 项目中国内外资本参与比例如图 2.3 所示。

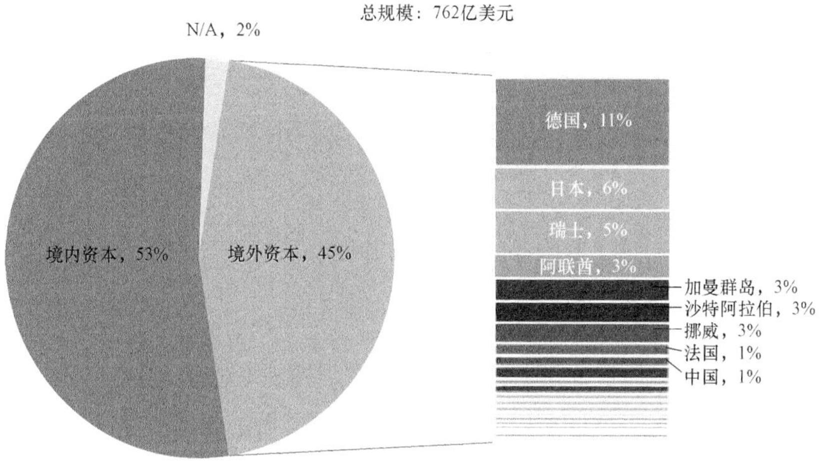

图 2.3　2021 年中低收入国家和地区社会资本投资项目中境内外资本参与比例

三、可再生能源 PPP 项目具有发展空间

2021 年，能源行业 102 个 PPP 项目的投资规模达到 224 亿美元，占所有 PPP 项目投资的 29%，投资水平同比下降了 26%。东亚和太平洋地区以及欧洲和中亚地区的能源投资大幅回升，分别增长了 92% 和 278%。然而，其他四个地区（包括拉丁美洲和加勒比地区、南亚、中东和北非地区以及撒哈拉以南非洲）都出现了下降，其中中东和北非地区降幅最大，达到 86%，其次是南亚，降幅为 75%。2021 年，可再生能源 PPP 项目投资继续主导能源发电 PPP 市场，占总项目的 95%，其中最流行的可再生技术形式是太阳能光伏。同时，2021 年能源行业的社会资本投资呈复苏趋势，可再生能源的社会资本

投资占能源行业发电量的95%，比上一年增长5个百分点，相当于总投资的72%，高于前五年，即2016年至2020年63%的平均水平。就新增产能而言，2021年有71%的新能源发电采用可再生能源形式，而2016年至2020年期间的平均比例为61%。此外，所有能源行业社会资本的投资都在电力领域，其中有98%的能源项目是在发电领域，而配电项目仅有4个，2020年发电项目投资规模在能源项目中的占比约为90%。尽管受到新冠疫情影响，PPP市场能源项目向可再生能源的转型进程仍在继续，2021年有94个可再生能源项目，而传统能源项目只有5个。

第三节　影响中国PPP市场对外开放的国际规则

一、双边投资协定

随着中国经济体量的不断增大，很多国家越来越关注中国市场，尤其是跨国公司更愿意向中国增加投资。正是基于这类利益诉求，美国通过和中国展开更多的投资协议商谈，推动其国内企业进入中国市场。在中国企业“走出去”步伐加快的同时，双边投资协定将为中国市场扩大外资引入规模创造更好的基础，推动中国PPP项目向外资进一步开放。

（一）PPP项目将向外资开放过去限制较多的行业

2000年以来，中国80%的外资集中于制造业、房地产与交通运输等鼓励发展或受限较小的行业，而医疗、教育、文化等行业由于受管制程度较高，外商直接投资累计引入量不足2%。然而，近几年外商投资呈现了新的特点，即制造业虽然仍是外商直接投资体量最大的行业，但其新增使用外商直接投资占比下降明显，服务业开放初见成效，但水、电、燃气等公用事业，交通运输，卫生服务等行业外商直接投资的实际使用金额尽管较几年前有较快的份额提升，但这些行业的外商投资实际使用金额依然有提高空间。2022年，中国外商直接投资企业数量同比下降 19.2%，外商直接投资实际使用金额同比增长 6.2%，行业具体情况如表 2.4 所示。

表 2.4　　2022 年部分行业外商直接投资及其增长速度

行业	企业数/家	比上年增长/%	实际使用金额/亿元	比上年增长/%
农、林、牧、渔业	420	−14.5	80	44.6
制造业	3 570	−19.9	3 237	46.1
电力、燃气及水生产和供应业	523	12.5	276	10.8
交通运输、仓储和邮政业	602	−13.1	347	−1.1
信息传输、计算机服务和软件业	3 059	−24.5	1 548	15.1
批发和零售业	10 894	−18.6	961	−12.5
房地产业	581	−48.4	914	−41.8
租赁和商务服务业	7 473	−19.6	2 148	−2.1
居民服务和其他服务业	411	−21.3	19	−38.6

资料来源：国家统计局《2022 年国民经济和社会发展统计公报》。

在双边投资协定谈判推动基础设施领域开发和合作的背景下，中国与别国之间的 PPP 市场投资将进一步对彼此开放，负面清单的逐步缩短将推动国内 PPP 项目向外资企业开放更多以往限制的行业领域。

（二）通过倒逼国内改革推动更多外资参与中国 PPP 项目

双边投资协定的核心即是负面清单。作为谈判的先决条件，负面清单的实施意味着简政放权和审批制度的改革。以审批制度改革为例，仅 2014 年中国就取消和下放了 246 项行政审批事项。审批事项的减少促进了市场主体更主动地配置资源，外资企业也能更加公平地参与市场竞争。在中国持续推进高水平对外开放，稳步扩大规则、规制、管理、标准等制度型开放背景下，双边投资协定的升级谈判将成为倒逼国内市场开放与改革的重要因素，特别是在贸易、货币和财政政策等重要宏观经济政策中得以体现。在双边投资协定升级谈判中，双边经济关系将重新设定，双方投资关系将进一步提升，推动中国结构性改革进程，改革成果也将进一步推动国内相关市场对外开放。

中国的发展经验表明，吸引外资，特别是外商直接投资对经济增长意义重大。尤其当前受新冠疫情和乌克兰危机影响，经济下行压力加大，中国民间投资疲软，PPP 项目亟待其他社会资本参与，其中外商直接投资为 PPP 项目提供了长期、稳定的资金来源，带来了先进技术和管理经验，在带动技术创新和产业升级的同时，也将推动经济增长。双边投资谈判恰为外资企业进一步打开中国 PPP 市场提供了契机，相关制度改革的深入将推动更多外资参与中国 PPP 项目。

（三）进一步降低外资参与 PPP 项目的技术门槛

发展中国家遭遇的问题既包括资金约束，也包括技术方面的限制。因此，许多发展中国家在允许外商投资时附带了技术转移条件。就 PPP 项目而言，由于部分项目要求较为复杂且投资规模大、期限长，往往对技术要求较高，随着国内研发能力的提高和技术标准的出台，国内部分项目可能会把本国技术作为壁垒，将具有技术优势的发达国家投资者排除在项目之外。然而，这种国内产业保护措施有可能在未来双边投资协定升级谈判中继续削减，如部分地方政府为保证社会资本来自国有企业，在社会资本合作方选择过程中设定技术门槛，通过“量身定做”技术要求和标准，将民营资本和外资排除在项目之外。在进一步扩大对外开放的背景下，未来双边投资协定中关于外资企业参与国内 PPP 项目竞争的技术门槛有可能被逐步破除。

值得注意的是，由于目前美欧等发达国家与发展中国家签订双边投资协定，其更多关注如何获得他国市场份额，因此相关双边投资协定范本赋予了东道国更多的义务和责任，更倾向于对投资者的保护。虽然中国对外投资不断创新高，但部分产业国际竞争力仍然较弱，尤其是涉及公众利益和国际安全的 PPP 项目，中国在双边投资协定等国际规制升级谈判中不应放弃国家引导外资发展本国经济的权利，避免给予外资过度的保护，以减少国内 PPP 市场对外开放过快带来的负面影响。

二、WTO《政府采购协议》

（一）WTO《政府采购协议》及其谈判概况

WTO《政府采购协议》（GPA）作为一项诸边协定，是 WTO 规制国际政府采购市场的核心法律文件，其旨在构建多边框架，明确政府采购制度、程序等方面的权利和义务，促进国际贸易发展，提升政府采购效率和透明度，维护各发展中成员的经济利益，以向发展中成员提供特殊优惠待遇的方式，在可行和适当的时候对发展中成员实行差别待遇，以实现 GPA 参加方对其他 GPA 参加方的供应商开放其政府采购市场的最终目的。随着 GPA 文本的修改，GPA 成员在一定程度上扩大了出价范围。其中，市场开放范围和政府采购法律文件调整是 GPA 谈判的主要部分。附录一是 GPA 参加方出价要价的核心内容，即市场开放范围，其包含 7 个核心附件，附件 1 列出中央实体的开放范围，附件 2 列出了次中央实体，附件 3 列出了其他实体以及相应门槛金额，附件 4 列出了承诺开放的货物，附件 5 的内容是服务，附件 6 与工程项目有关，附件 7 是总备注，协议例外和排除条款在总备注中列出。申请加入的成员需首先提交出价清单，并且针对附录一的有关承诺内容与相关 GPA 成员方展开谈判。在政府采购法律制度的健全方面，申请方首先要报告其基本制度情况，并且在最终成为 GPA 成员方之前参考 GPA 的有关标准调整相应的制度安排，以保证能够适应 GPA 的规则。建立 GPA 的初衷在于促进各参加方彼此开放各自的政府采购市场，并给予其他参加方的有关企业、货物和服务以最惠国待遇以及国民待遇，通过规范政府采购流程，推动各参加方政府采购市场更加公平和透明。因此，加入 GPA 需要和其他 GPA 参加方进行一对一的谈判，谈判的复杂程度较高。同时，GPA 参加方多为美国、欧盟、日本、加拿大等市场经济比较发达且相关法律体系已较为成熟的国家或地区，因此其游戏规则主要由发达国家制定。

中国根据加入世界贸易组织时的有关承诺，于 2002 年正式作为 GPA 的观察员并且在 2007 年 12 月 28 日向 WTO 秘书处提出参与申请和给出相应的报价，相应的商谈工作正式展开。在与 GPA 有关成员方进行多轮出价谈判后，中国最新的出价在之前承诺的基础上进一步把大学、医院以及国有企业等纳入出价范围，此外相应的门槛价也缩减至 GPA 参加方级别。另外，还增加了中央实体的承诺范围，额外增加了服务出价，对例外情况进行了调整。出价水平接近 GPA 参加方的一般水平。目前，GPA 主要参加方对中国的要价核心主要包括：继续扩大实体涵盖范围，其中国有企业和国家投资企业是外方关注的重点；要求所有的工程服务对象都要被列入出价，扩充服务项目，进一步缩减例外条例；完善国内政策以适应 GPA 的要求。

（二）GPA 参加方 PPP 领域相关出价及影响

中国已将 PPP 项目社会资本合作方选择纳入政府采购管理制度，GPA 作为政府采购领域对外开放的国际规则，其参加方关于 PPP 领域的出价对中国未来在该领域的承诺具有一定借鉴意义。根据部分国际组织和国家的经验，PPP 主要在基础设施和公共服务领域通过特许经营实施和完成。其中，欧盟、韩国、日本等 GPA 参加方已就 BOT 或公共工程做出承诺。

欧盟在其出价清单的附件 6 建筑服务和工程特许经营中，关于工程特许经营明确规定了根据国民待遇原则，其附件 1 中央政府实体和附件 2 次中央政府实体授予的工程特许经营权合同，对冰岛、列支敦士登、挪威、荷属阿鲁巴开放 500 万特别提款权（SDR）及以上的工程特许经营权合同，对韩国开放 1 500 万 SDR 及以上的工程特许经营权合同。同时，在附件 6 建筑服务的备注中强调“仅当相关参加方在其附件 6 中开放了相同建筑服务项目时，其出价清单中的附件 1 至附件 3 采购实体采购的本附件建筑服务项目才适用本协议”。即如有关参加方未将工程特许经营权合同纳入其建筑服务项目出价，则欧盟中央实体、次中央政府实体以及协议涵盖的公共事业实体的工程特许经营将不对其开放。

韩国在 GPA 中做出了关于 BOT 合同的新承诺。其附件 6 对 BOT 进行了定义：“建设—经营—转让”（BOT）合同是指任何给予合同的安排，其主要目的是建设或修复基础设施、建筑或其他政府拥有的工程，并且考虑到企业的合同执行问题，采购实体对企业承诺，在一段特定时期内授予暂时的所有权或控制经营权，以及使用该工程收取费用的权利。同时，韩国在其出价备注中规定，协议不适用于根据《基础设施私人参与法案》预留给中小企业的采购项目，也就是将部分有国内中小企业参与竞争的 PPP 项目排除在了出价之外。

日本在其建筑工程出价备注及总备注中规定，协议适用于依据《促进民间资金参与公共建设整备法》的项目采购。这表明了日本在 PPP 领域对 GPA 参加方做出了承诺且开放程度较高。日本能够较高程度地向国外社会资本开放 PPP 领域源于其健全的 PPP 法律制度。

按照对等开放的原则，在未来的谈判中，已经就 PPP 领域出价的 GPA 参加方有可能就相关领域向中国提出要价，尤其在中国将 PPP 社会资本合作方选择与政府采购接轨后，政府采购领域的对外放开将增加中国扩大基础设施及公共服务等领域 PPP 项目对外开放的压力，投标国内 PPP 项目的外国资本在带来先进的技术和管理理念的同时，也将进一步压缩国内市场主体的发展空间。

三、APEC 区域基础设施 PPP 实施路线图

APEC 区域一直以来具有巨大的基础设施需求，但同时又受到公共财政资源有限的制约。PPP 模式对于基础设施的发展具有推动作用，对吸引长期融资和撬动民间资本、解决目前亚太地区面临的基础设施融资缺口具有十分重要的意义。为解决亚太区域基础设施筹资难问题，推进亚太区域互通互联，《APEC 区域基础设施 PPP 实施路线图》（以下简称《路线图》）在 2014 年召开的 APEC 财长会议上得以通过。《路线图》制定的目的在于将 2013 年通过的 APEC 基础设施发展、投资多年期计划加以贯彻落实，引导未来基础设施 PPP 项目的发展，尤其是为 APEC 诸多成员的政府官员提供引导帮助，使其对 PPP 项目更加了解，并做好准备、设计及实施工作，且制定出切实可行的融资安排决策。因为 PPP 模式的构建基础是公共、私营两大主体间建立起来的长期合同关系，该模式比较复杂，特别是对于项目生命周期而言，其风险及不确定性较大，需要赋予政府部门以主导地位，所以对于“实施”这一环节，《路线图》给予了特别的关注，此外还引导 APEC 成员，尤其是发展中成员的政府官员完善 PPP 项目各环节的实施工作。

同时，路线图对中国处理 PPP 市场在对外开放过程中可能出现的问题也具有一定的引导和规制作用，这些问题能否妥善解决将直接影响中国 PPP 市场对其他国家或地区社会资本的吸引力。下面以 PPP 项目的两个关键环节——项目论证和合同履约为例加以说明。

项目论证方面，《路线图》明确提出，为达到“物有所值”的目的，商业可行性中有发展前景的项目对于诸多经济体政府而言是最适合的选择，从而保证选择的项目与 PPP 模式相契合。基础设施、公共服务是中国 PPP 项目分布较为集中的行业领域，主要包括市政、保障性安居工程、交通、养老服务等诸多内容。PPP 项目不同于一般的商业项目，在正式运作之前要求对 PPP 项目展开论证，具体内容包括明晰 PPP 项目开发的商业模式、产出要求等，对政府战略目标所涉及的社会经济成本、财务、收益等进行评估，明确收入来源以及从银行获取贷款的可能性，此外还需要对私营部门具有的比较优势进行评估。

然而，部分地方政府为了招商引资，对企业承诺收益过高，导致部分社会资本合作方缺乏充分论证，造成后期项目运营的支出压力，影响项目收益，出现政府与企业“双输”局面。因此，在外资大规模进入 PPP 市场后，随着项目潜在投标方规模的增加，为保障 PPP 项目“物有所值”和顺利实施，PPP 项目的论证就显得尤为重要。

合同履约方面，关于 PPP 合同，《路线图》明确规定：合同需要将公共、私营两个部门的功能、服务义务、责任、项目收入源、合同监督体系、关键绩效指标等的诸多内容一一列举出来。此外，由于 PPP 合同具有期限较长的特点，合同应预留适当的灵活性以使其能够适应不断变化的环境。通常 PPP 项目涵盖建设、运营两个阶段，前期建设、后期运营等都要求具有可靠的资金保障，尤其是后期对于资金的长期支持有着一定的要求。具体实施过程是 PPP 项目最易出现问题的阶段，即合同履行期间存在问题、偏差等。这是由于一方面合同在签订之初并没有考虑到项目的长期性，另一方面部分项目在合同履约过程中存在地方政府失信问题，部分地方政府契约意识缺失导致 PPP 项目的参加方出现扯皮。而外资参与 PPP 项目在一定程度上增加了合同履约的风险，因此，《路线图》还规定，政府需要构建稳定、透明、具有可预见性的法律环境以提升私营部门参与的积极性，并以此提升市场主体履约意识，确保 PPP 项目顺利落地。此外，《路线图》还明确应基于法律框架确定下列诸多内容，包括私营部门投资享有的权利及需履行的义务，各市场主体对于合同的落实能力，采购流程的透明化及规范化，合同仲裁程序的公平、公正等。此外，还要求合同对各个部门的监管机制和用户收费标准加以明确，规定用户收费调整方法，并将其作为合同的必备部分。这不仅对社会资本合作方做出了限制和规范，更要求将政府机构的责任与义务以法律形式固定下来，从而规制了 PPP 项目中政府部门的履约行为。

正因为中国 PPP 市场仍然存在上述问题，《路线图》为中国在进一步开放 PPP 市场过程中可能面临的问题提供了解决思路和更高的要求，对在市场开放中进一步完善相关法律制度提供了很好的依据。此外，APEC 还通过构建 PPP 项目风险分布框架，提示各成员在土地使用、项目运营、融资等方面的风险及风险承担方，供其成员在完善 PPP 市场规制及制度安排时借鉴。APEC 总结并构建的 PPP 项目风险的分布如表 2.5 所示。

表 2.5　　　　PPP 项目的风险分布

风险	具体因素	主要风险承担方
土地使用	项目所需土地涉及相关利益的风险	政府
主要批准程序	获取项目资格审批程序的延迟风险	政府
设计和建造	施工和设计的风险；项目不能按时调试和交付；施工和设计无法满足项目预算；施工和设计无法满足政府的产出规定，从而导致服务延迟或削减	私人部门
运营	关于运营的所有要求和规定	私人部门
维护和维修	难以满足政府的特殊要求或成本超出预期	私人部门
劳工行动	罢工或其他劳工行动等	私人部门
资产所有权	与维护资产所有权相关的风险，包括为项目及服务交付而对资产维修、维护的相关要求等	私人部门
融资	融资交割前利息或汇率变动的风险	私人和政府机构分担

资料来源：Infrastructure Public－Private Partnership Case Studies of APEC Member Economies，APEC，2014。

四、“一带一路”倡议

中国政府 2015 年发布的《推动共建丝绸之路经济带和 21 世纪海上丝绸之路的愿景与行动》明晰了中国对外开放的新路径，并将其视作推动中国经济发展的新动力。由于基础设施互联互通是“一带一路”建设的优先领域，而基础设施也是占据 PPP 市场大部分份额的重要领域，因此就 PPP 市场而言，“一带一路”倡议将从国家政策、基础设施、贸易投资等多方面推动各国 PPP 市场的互联互通。“一带一路”倡议的推进是双向开放、互利合作的过程，不仅仅能够推动中国企业“走出去”，随着中国市场规模的不断扩大以及各种交流和合作机制与平台的建设，该倡议也将为外国企业“走进来”打开更多空间。

在“一带一路”倡议推进和 PPP 市场规模不断扩大的过程中，既有全球性的网络布局，又对中国市场和国外市场有着深刻了解的外资企业将大有作为，尤其是“一带一路”倡议鼓励沿线国家采用 PPP 模式推进全方位的互联互通建设，将为外资企业进入中国 PPP 市场提供广阔的合作共赢空间。外资企业一直以来在技术和管理方面具有比较优势，部分跨国企业已经具有在中国相关领域十几年的运作和发展经验，对中国市场比较熟悉。中国 PPP 市场进一步对外开放后，大量的 PPP 项目将成为这些外资企业未来发展新的动力与增长点。

同时，通过“一带一路”倡议实现的政策沟通、贸易畅通、资金融通等都将对 PPP 市场的进一步对外开放产生深远影响。“一带一路”倡议对沿线国家的联通是多层次的，因为对于 PPP 市场区域化而言，其面临的最大风险莫过于政治风险，依托于“一带一路”倡议的实施，可以推动沿线国家就共建“一带一路”达成共识，从而促进沿线国家宏观经济政策、经济发展战略、重大规划项目的对接，进而形成关系更加牢固的命运共同体。因此，“一带一路”倡议框架下形成的政治互信、稳定的国际环境和宽松的政策，将为顺利推进 PPP 市场开放奠定良好基础，提升外资参与国内 PPP 项目的积极性。在推动共建“一带一路”过程中运用 PPP 模式，除了可以依托灵活的运作模式无缝对接沿线国家的发展要求，还能够植根于共赢的理念，促进各个国家之间更为深入的了解，从而达到多方优势互补的目的。“一带一路”倡议推动了产业链、供应链、价值链以及服务链的优化升级，以及在此基础上投资、贸易的互联互通。这将进一步降低外资企业进入中国 PPP 市场相关行业的准入门槛。同时，在教育、科技、文化等多层面的合作，将有利于推动外资企业在中国 PPP 市场的本土化，促进外国资本与政府机构和国内社会资本合作的顺利进行。

五、区域全面经济伙伴关系

《区域全面经济伙伴关系协定》（RCEP），指的是为适应经济全球化和区域经济一体化的发展趋势，由东盟的十个成员国于 2013 年发起，且邀请中国、日本、新西兰、韩国、印度、澳大利亚等多个国家参与，涵盖了 16 个国家的市场，并以削减非关税及关税壁垒为目标的自由贸易协定。RCEP 谈判历经 8 年，于 2020 年 11 月 15 日签署，经过各方共同努力，于 2022 年 1 月 1 日起正式生效。RCEP 的生效实施，标志着全球人口最多、经贸规模最大、最具发展潜力的自由贸易区扬帆起航，将为区域乃至全球贸易投资增长、经济复苏和繁荣发展作出重要贡献。

RCEP 对中国 PPP 市场进一步对外开放的影响在于对服务和投资自由化的推动。在世界贸易组织推动的多边贸易谈判陷入困局的背景下，RCEP 在推动国家或地区间贸易投资便利化进程方面的作用将被强化。其中，投资规则是 RCEP 的重要组成部分。RCEP 投资章节是在原有 5 个“东盟 10+1 自由贸易协定”投资规则基础上的全面整合和升级，达成了共同的投资规则和市场准入政策。根据协定生效规则，自 2022 年 1 月 1 日起，文莱、柬埔寨、老挝、新加坡、泰国、越南 6 个东盟成员国和中国、日本、新西兰、澳大利亚 4 个非东盟成员国正式开始实施协定。2022 年 2 月 1 日起协定对韩国生效，3 月 18 日起对马来西亚生效。RCEP 投资章节实施时间与协定生效时间一致。RCEP 投资章节的顺利实施为本地区投资者创造了一个更加稳定、开放、透明、便利的投资环境，为本地区吸引外资、促进区域经济发展注入强劲动力，也有助于降低新冠疫情对成员方间相互投资的负面影响。

RCEP 投资规则涵盖投资保护、投资自由化、投资促进和投资便利化四个方面，既继承了传统投资协定的主要内容，也体现了国际投资缔约实践的新发展。文本规则包含投资章 18 条和 2 个附件，对投资保护和市场准入的实体义务等作出了较为全面的规定，主要内容包括：（1）给予成员方投资者及其投资包括准入前阶段的国民待遇和最惠国待遇。（2）规定了投资待遇（公平公正待遇）、征收、外汇转移、损失补偿等投资保护的具体纪律。（3）纳入了高级管理人员和董事会，以及超过 WTO 水平的禁止业绩要求等条款。（4）细化了投资促进和投资便利化措施，重视外商投资纠纷的协调解决。（5）设置了负面清单（保留和不符措施）、安全例外等机制，保留政府管理外资的合理政策空间。其中，准入前国民待遇+负面清单、间接征收、禁止业绩要求等内容实现了在成员方间既有投资协定基础上的增值，体现了高水平国际投资协定的发展趋势。同时，RCEP 投资规则通过审慎设置过渡期、国别保留等多种方式兼顾成员方经济发展水平差异和个别成员的特定关切，体现了规则的灵活性和包容性。

RCEP 成员方高度重视进一步促进和便利相互之间的投资。投资促进和投资便利化方面的国际规则对吸引外商投资、营造良好营商环境及扩大国际合作都具有积极意义。RCEP 投资章第十六条和第十七条在投资促进和投资便利化方面有较为具体的规定。此外，依据 RCEP 建立的服务与投资委员会的工作内容包括便利化合作和确定进一步促进投资的措施。投资促进的主要方式包括：在缔约方之间组织联合投资促进活动和促进商业配对活动；组织和支持举办与投资机会以及投资法律法规和政策相关的各种介绍会和研讨会；就与投资促进有关的其他共同关心的问题进行信息交流等。投资便利化的主要内容包括：简化其投资申请及批准程序；设立或维持联络点、一站式投资中心、联络中心或其他实体，向投资者提供帮助和咨询服务，包括提供经营执照和许可方面的便利；接受并适当考虑外商提出的与政府行为有关的投诉，以及在可能的范围内帮助解决外商和外资企业的困难。

RCEP 投资章设置了禁止业绩要求条款，即第十章第六条规定了成员不得采取此类要求的具体情形。其中，禁止性业绩要求有 8 种情形，包括出口实绩、当地含量、购买国货、外汇平衡、限制国内销售、强制技术转让、特定地区销售和规定特许费金额或比率；不能作为给予外国投资者优惠的要求有 4 种情形，包括当地含量、购买国货、外汇平衡、限制国内销售。同时，RCEP 投资规则还引入了“准入前国民待遇+负面清单”制度。服务和投资保留和不符措施条款（第十章第八条）规定了负面清单的基本纪律，投资保留及不符措施承诺表（协定附件三）列出了各成员方关于投资领域的不符措施清单。一般来说，成员方在 RCEP 对其生效后，应给予其他成员方投资者非歧视的待遇，特别是在市场准入方面。除非该成员方在投资负面清单中作出保留。

中国是 RCEP 成员中经济体量最大、人口最多的国家。2022 年，中国与东盟贸易总值达 6.52 万亿元人民币，同此增长 15%，占中国外贸比重达到 15.5%。在世界经济依旧低迷的背景下，2022 年中国对东盟出口同比增长了 21%，是东盟第一大贸易伙伴。随着 RCEP 的发展，东南亚出口驱动型经济体将有望更多地进入中国、日本和印度等国市场，也将推动更多发达国家对发展中国家的投资。

一般自由贸易协定涵盖商品、服务和投资等方面的内容，根据中国与 RCEP 成员方签订的自由贸易协议，在商品自由贸易方面已全面执行，而部分服务和投资自由化进程仍处于谈判阶段，所以 RCEP 将进一步深化已开展的合作，同时完善服务、投资等自由贸易协定中规定不够详尽的内容。由于中国与东盟等 RCEP 成员分别签署的自由贸易协定在基础设施和服务业开放方面并未过多地超出 WTO 框架。因此，在 RCEP 框架下各成员将对国内关于外国投资者在 PPP 市场的保护性政策条款，如外国投资者在 PPP 项目中的持股比例等限制做进一步的修改和调整，以期推动市场准入壁垒的逐步消除，促进市场的相互开放，以及资本、技术、人才等资源的自由流动，这也将推动中国与 RCEP 其他成员方市场的双向开放，降低外资进入 PPP 市场的门槛，促进中国 PPP 市场开放水平的进一步提升。

此外，为确保其成员执行相关贸易政策的自主性和自愿性，保护成员国内敏感行业避免因竞争的加剧受到冲击，从而吸引欠发达国家加入、维持成员范围的广泛性，RCEP 的有关规制一直对发展中国家保持一定的灵活性。当然，这种差别待遇也可能成为区域经济一体化进一步扩大的障碍，以及不愿意或没有能力对国内相关制度进行进一步改革的部分国家的依据。由于 PPP 项目涉及的行业部门可能关系国家安全和公众利益，因此对于中国而言，RCEP 对发展中国家的这一灵活性原则也适用于在中国 PPP 市场进一步对外开放中需要予以保留的部分行业领域。

第四节　外商直接投资与中国 PPP 市场对外开放

一、外商直接投资已成为发展中国家外部资金主要来源

外商直接投资（FDI）在 20 世纪 90 年代后发展迅速，其增长速度远高于国际商品贸易的增速，且呈现出加速发展的趋势，并已经成为世界经济发展的重要推动力量。在全球经济活动中，外商直接投资和跨国公司发挥着愈加重要的作用。由于具有稳定性高、受突发事件影响小等显著特性，外商直接投资已经成为部分发展中国家主要的外部资金来源，并逐步取代了私人债务融资、外国官方援助、证券融资等融资方式。发展中国家吸引的外商直接投资总量总体呈上升趋势。

从联合国贸发会议划分的类别来看，FDI 流入的影响因素涵盖了传统及非传统因素两种类别，具体包括经济发展水平、市场规模、政策等，而对于前者而言，东道国市场规模是决定性要素。Agarwal（1980）通过研究指出，对于东道国，尤其是发展中东道国而言，其市场规模对于 FDI 的吸引力可以通过 FDI 的数量来解释。Loree 和 Guisinger（2005）则通过样本分析对美国流出的 FDI 决定因素加以阐述，其中发展中国家样本占样本数量的二分之一，研究结果表明，随着跨国公司战略的改变，其主导的 FDI 从当地市场寻求型逐步转变为全球市场导向型，例如，在 1977 年，FDI 流入的决定性因素是东道国的人均 GDP，但发展至 1982 年情况出现了变化。Tsai（1994）搜集了相

关的样本，对发展中国家 FDI 流入的决定性因素加以分析，最终显示，在 20 世纪 70 年代至 80 年代这一时期中，吸引 FDI 流入的一直是与市场规模有关的因素。联合国贸发会议（UNCTAD）（1998）认为，影响发展中国家 FDI 流入的主要因素依然与市场规模有关。Nunnenkmap 和 Spatz（2002）运用 FDI 相关系数检验方法和回归方法分析了 FDI 流入发展中国家的传统影响因素和非传统影响因素的重要性是否有所变化以及非传统因素对于 FDI 分布的影响程度，结果表明，与市场相关的传统因素依然对发展中国家的 FDI 流入具有决定性作用，而非传统因素的重要性仅有小幅提高。因此，市场规模等影响 FDI 流入的传统因素仍然是具有决定性意义的主要变量。

2020 年，新冠疫情导致全球外商直接投资急剧下降，外商直接投资流量回到 2005 年的水平。这场危机对最具生产力的投资类型，即工业和基础设施项目的绿地投资，产生了巨大的负面影响。这意味着作为全球经济增长和发展引擎的国际生产受到了严重影响。2016 年，联合国可持续发展目标实施后，在缩小投资缺口方面取得的进展因为这场危机出现倒退。这就需要各国重新做出承诺，大力推动对可持续发展目标的投融资。虽然现在关注的重点是复苏进程，但问题不仅仅在于重振经济，还在于让复苏更可持续，更能抵御未来的冲击。

随着疫情后经济的逐步恢复，以及发展中国家基础设施建设规模的扩张，发展中国家基础设施投资需求缺口依然较大，尤其是外商直接投资在投资中的比例仍然较低，现有投资仍然只能满足发展中国家实现可持续发展目标所需资源的较小部分。UNCTAD 预计，为实现 2030 年发展中国家的可持续发展目标，需要每年向电力、通信、交通运输、水务和卫生等领域的基础设施及相关项目投资 3.3 万亿至 4.5 万亿美元，而目前这一投资金额只有大约 2.5 万亿美元，公共部门和私人机构的投资额需要大幅提高，尤其需要提高外商直接投资在基础设施投资中的比例。目前，教育、卫生等社会基础设施项目以及其他与可持续发展目标相关的部门对外商直接投资的吸引力不高。即使近几年在外商直接投资有所增加的发展中国家的能源、通信、交通运输和供水等行业中，外商直接投资额依然较低。

二、绿地投资在 PPP 市场仍占主导，但分布不均

2022 年，全球的国际商业和跨境投资环境发生了巨大变化。除了新冠疫情挥之不去的影响，乌克兰危机导致世界上许多国家面临粮食、燃料和金融三重危机，由此造成的投资者不确定性可能会对全球外国直接投资产生巨大的下行压力，跨国企业对海外新生产性资产的投资意愿依然不强。虽然 2021 年以基础设施为导向的国际项目融资数量较上一年增长了 68%，跨境并购项目数量增长了 43%，但绿地投资项目仅增长了 11%，仍比疫情前的水平低 20%。尽管绿地投资总价值与 2021 年相比上升了 15%，达到 6 590 亿美元，但在发展中国家保持不变，仍为 2 590 亿美元，停滞在有记录以来的最低水平。而工业新投资对于经济增长和发展前景至关重要。此外，中小企业的外商直接投资规模逐步下降。2017 年至 2021 年，中小企业在绿地投资项目中所占的份额从 5.7% 下降到 1.3%。越来越多的外商直接投资由大型跨国企业开展，而中小企业的海外投资规模也正在下降。2015 年至 2021 年，年收入超过 7.5 亿欧元的跨国企业绿地投资项目占外商投资总项目的比重如图 2.4 所示。

图 2.4　2015 年至 2021 年年收入超过 7.5 亿欧元的跨国企业绿地投资项目所占份额

资料来源：联合国贸发会议。

2021 年，最不发达国家公布的绿地项目数量和规模继续呈下降趋势。项目数量降至 158 个，为 2008 年以来的最低水平。这是一个需要关注的重大问题，因为绿地投资对于生产能力建设和可持续增长前景至关重要。值得注意的是跨境并购、已公布的绿地项目和国际项目融资交易的金额和数量均有所增加。金融市场的发展和融资条件的宽松推动了国际项目融资数量的强劲增长，

涨幅达到 68%（见图 2.5）。2021 年，并购活动蓬勃发展，相应的跨境并购数量同比增加了 43%。已公布的绿地投资项目在 2020 年急剧下降后的复苏较为温和，项目数量同比增长 11%。

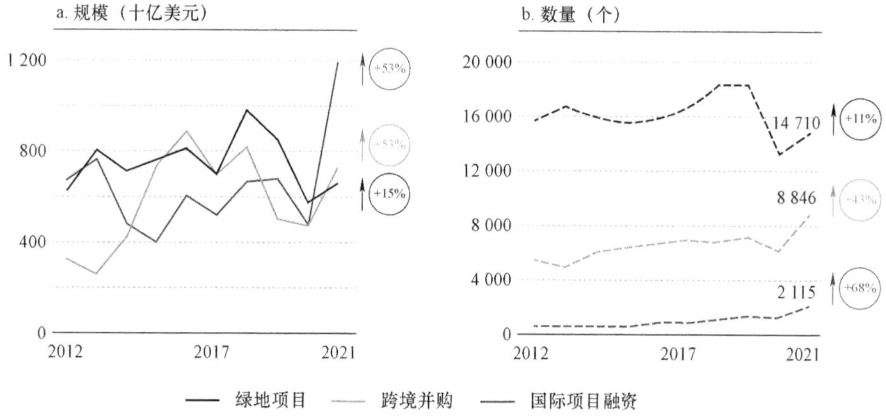

图 2.5　2012 年至 2021 年跨境并购、国际项目融资和已公布的绿地项目规模和数量

资料来源：联合国贸发会议《世界投资报告 2022》。

第一产业的绿地投资项目规模仍然很小，2021 年公布的绿地投资项目总规模约为 130 亿美元，占总投资规模的近 2%，而 2003 年为 24%，2009 年为 13%，2016 年为 7%。第一产业项目规模的长期下降是农业国际投资持续低迷的结果。采掘业的社会资本从绿地投资项目转向允许多个投资者分担风险的国际项目融资投资。2021 年，制造业的项目数量同比增加了 8%，在 2020 年投资活动下降超过 1/3 之后，这一增长体现出制造业绿地投资项目的初步复苏，但项目数量仍然比过去 10 年的平均水平低约 1/4。2020 年至 2021 年不同行业和部门绿地投资项目数量及规模如表 2.6 所示。

表 2.6　　2020 年至 2021 年按行业和部门公布的绿地投资项目

部门/产业	项目规模/十亿美元			项目数量/个		
	2020 年	2021 年	增长率/%	2020 年	2021 年	增长率/%
合计	575	659	15	13 248	14 710	11
初级产业	11	13	15	100	98	−2
制造业	240	297	23	5 258	5 688	8
服务业	323	350	8	7 890	8 924	13

续表

部门/产业	项目规模/十亿美元			项目数量/个		
	2020 年	2021 年	增长率/%	2020 年	2021 年	增长率/%
规模前十大						
电子和电气设备	47	120	156	882	1 028	17
信息和通信	85	104	23	2 962	3 743	26
电力和燃气供应	103	90	–13	546	484	–11
建筑	33	49	49	320	329	3
自动化	33	34	3	574	692	21
运输和存储	27	33	25	639	737	15
化工	40	28	–30	452	445	–2
贸易	23	24	4	580	638	10
食品饮料和烟草	18	19	9	432	431	0
制药	15	19	26	360	378	5

资料来源：联合国贸发会议。

三、中国基础设施 PPP 项目的外商直接投资需求仍处于较高水平

外商直接投资是发展中国家知识和技术增长的重要来源。外商直接投资不仅推动东道国的经济发展，还能重新组合其当前的生产资源，发展中国家因此得以转移其生产资源至其具有比较优势的产业之中，转化潜在比较优势，使其成为市场竞争优势，为发展中东道国的经济发展提供有力支持。中国改革开放后经济的快速增长，外商直接投资即是主要驱动因素之一。而中国国内市场规模不断扩大，也吸引了大量外商直接投资。在 2021 年两位数增长的基础上，2022 年中国吸收外资继续保持稳定增长，实际使用外资首次超过 1.2 万亿元人民币。联合国贸发会议（UNCTAD）发布的《世界投资报告 2022》指出，2020 年至 2021 年中国是全世界排名第二的受欢迎的投资目的地。与 2020 年相比，2021 年外商直接投资（FDI）流入前 20 位的国家和地区变化不

大，如图 2.6 所示。

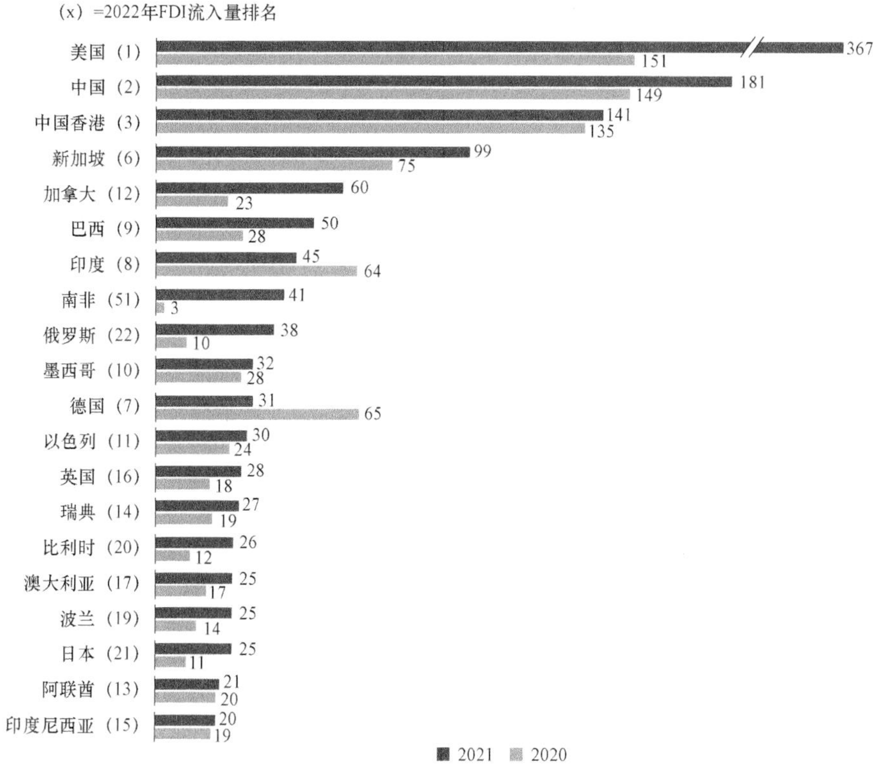

图 2.6　2020 年至 2021 年 FDI 流入前 20 位国家或地区（十亿美元）

资料来源：联合国贸发会议《世界投资报告 2022》。

正是由于外商直接投资对基础设施建设领域投资的逐步扩大，以及中国基础设施建设规模的不断扩大，未来中国基础设施建设 PPP 项目的外商直接投资需求仍将处于较高水平，并且随着中国政府对外商直接投资市场准入的进一步松绑，外资能够进入的中国 PPP 市场的领域将有所扩大。值得注意的是，东道国吸收能力是决定 FDI 能否实现外部性并对增长做出贡献的决定性因素。因此，中国 PPP 市场能否保持对外商直接投资的吸引力，还取决于市场及市场主体发育程度的提高、市场环境的完善以及 PPP 有关制度安排的健全。

第三章
部分国家 PPP 市场对外开放比较分析

随着全球基础设施项目投资规模的逐步扩大，PPP 模式在世界范围内得到了推广，国际 PPP 市场发展迅速，但因政治、经济及区域环境的不同，各国 PPP 市场所处发展阶段各异，其对外资的开放程度也不尽相同。

第一节　典型发达经济体 PPP 市场发展及开放情况

一、英国：最早实行 PPP 模式的国家

20 世纪 90 年代以来，英国 PPP 市场落实的基础设施、公共服务项目超过 700 个，投资规模超过 700 亿英镑，绝大部分是私人融资计划（PFI），即由政府付费的 PPP 项目。英国中央和地方政府通过 PFI 有效利用了社会资本及其专业能力，推动基础设施、公共服务质量的提升，同时依托 PFI 项目强化了市场、政府机构间的协作，优化了政府治理的理念和方式，也使得英国的 PPP 实践领先于世界其他国家和地区。“脱欧”前的五年中，英国国内 PPP 项目无论在累计投资额还是在项目总数方面，与欧盟其他国家相比都是最多的。2017 年至 2021 年，法国 PPP 市场规模迅速扩大并超过英国，成为欧洲最大的 PPP 市场。

英国通过 PPP 模式实现物有所值和公共服务现代化目标的做法引起了全世界的关注。虽然每个国家的 PPP 模式都必须在政府的政策目标范围内，并根据可用的私营和公共部门资源来制定，但英国以及其他国家在推广 PPP 模

式发展方面的成功为开始和正在推动本国 PPP 市场发展的国家提供了宝贵的经验。2017 年至 2021 年，欧洲 PPP 市场规模前三位的国家分别为法国、英国和德国，具体如图 3.1 所示。

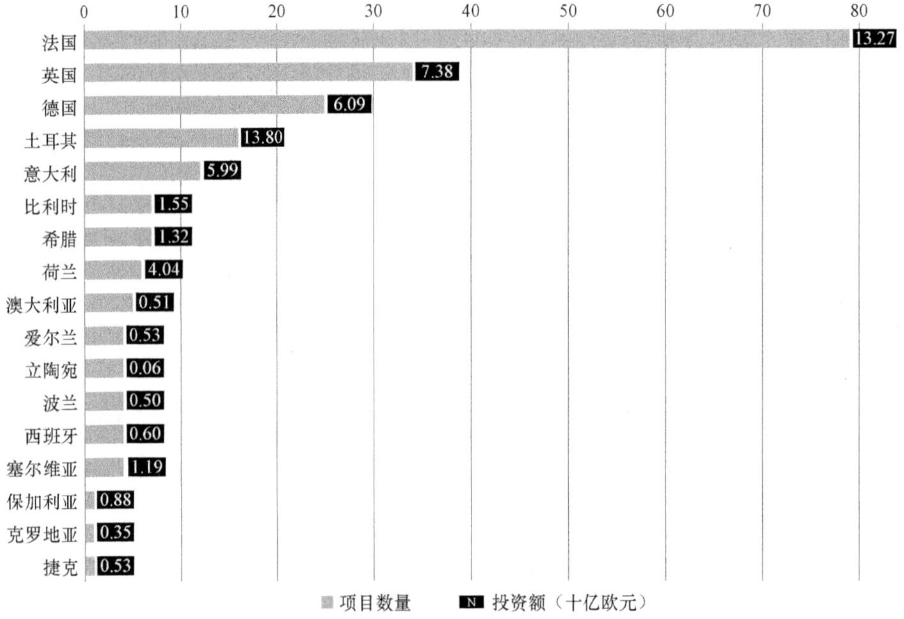

图 3.1　2017 年至 2021 年欧洲和大洋洲主要国家 PPP 市场规模

资料来源：欧洲 PPP 专业中心（EPEC）。

2012 年，英国政府在总结以往 PFI 在项目招商采购阶段成本较高等方面不足的基础上，推出了 PF2 模式（新版私人融资计划），其最大特点是政府参股，并在政府确定了参与股本比例和股本金额后，以低价中标的形式选择负责主导整个项目的建设和运营的主要投资方。2008 年国际金融危机后，为了通过投资拉动国内经济增长、促进就业、克服经济危机的负面影响，卡梅隆政府鼓励英国基础设施向海外投资者开放，推动了 PPP 市场大规模向外资机构开放，涉及行业广泛，且部分基础设施领域对外资开放程度很高，投资全球化发展迅速，如包括盖特威克机场和曼彻斯特机场在内的规模排在国内前几位的机场几乎都有外资企业的投资，能源基础设施领域也是如此，超过 40% 的英国能源和公用事业公司有外资企业持股，其中来自中国的投资在英国能源基础设施部门也占有很高比例，资金流入的基础设施领域主要包括核能、风力发电和光伏发电等。

英国之所以积极向外资开放其 PPP 市场，主要源于外国投资除了提供资金，在 PPP 项目效率提高、公共服务供给质量提升等方面也有着很好的推动作用，这往往是英国国有企业等市场主体所欠缺的，因此外资对能源、公用事业等基础设施的投资不仅会对经济发展产生倍增效应，还能够通过引入竞争降低成本并改善服务和价格水平、提高公众收益。此外，过去几年英国 PPP 市场能够保持较高程度的对外开放并吸引大量外国投资者参与，还基于以下几个有利条件：一是信息机制的透明。英国政府通过公开大量的项目信息，使国内外投资方对项目审批流程有一定的了解，提高了企业对项目的确定性，同时对未来 PF2 项目产生的负债情况进行及时披露以促进有效管理。二是风险分担体系的构建。因为 PF2 模式对于政府的参与度有着较高的要求，相较于 PFI 模式而言，政府担负的风险更高，例如因为规划、政策变动导致的项目投资、运营成本增加，项目用地提供存在的法律风险，一些项目缺乏客流量的风险等。三是 PPP 项目临时借贷计划的出台。为了更好地应对国际金融危机和欧债危机，英国政府为 PPP 项目启动了一系列财务支持计划，包括中央政府的临时性贷款并对部分项目注入资本金、通过担保计划推动部分有全国性影响的基础设施建设进度加快等。虽然此举可能会导致信贷市场出现一定的波动，但英国政府依旧提供了 400 多亿英镑的担保，从而确保关键项目能够开工，此外政府担保批准项目所在的领域还包括公用事业、能源、交通、通信等。这些措施在经济危机下维护了 PPP 市场的稳定，并提升了外国投资者投资英国 PPP 市场的信心。四是 PF2 模式下的股权融资。因为私企无法对高杠杆率加以利用，并通过资本市场进行融资，英国政府在 PF2 模式中以小股东方式参与项目，不仅使私人机构的融资压力得以有效缓解，还能够有效防止政府身兼运动员、裁判员两个角色，发挥社会资本的专业能动性，最大限度地降低政府风险。

然而，近年来英国 PPP 市场对外开放的政策呈现收紧趋势，尤其是加大了对关键基础设施外商投资的控制力度。2016 年，英国政府宣布对关键基础设施的所有权和控制权进行改革，并以国家安全为目的对外资进行审查，确保外国资本对关键基础设施的所有权不会对国家安全造成影响，这一改革对英国基础设施的外商投资影响较大，其改革的核心是“为保障国家安全，政府对外商投资英国国内关键基础设施的所有权和控制权进行审批”，意味着如果政府认为特定实体对关键基础设施的控制不再符合国家利益，则可以撤销其核准资格。同时，英国政府对关键基础设施的解释也比较模糊，政府除了提及核能设施，并没有对关键基础设施的涵盖范围给出更明确的规定。除了电信管线和网络，关键基础设施可能还包括石油和天然气的生产以及交通运输基础设施的建设和运营。近三年，英国进一步收紧了外商投资政策。2021年，为增加英国本土资本对基础设施建设领域的投资，进一步促进经济增长，英国成立基础设施银行（UKIB）以提供社会资本和公共部门融资，实现英国基础设施投资的地理平衡，并帮助该国实现净零碳排放。2022年，英国又出台了《国家安全和投资法》，全面改革了以国家安全为由对交易和投资的审查规定。新制度赋予政府召回权，即可以对包括国防、能源和运输在内的17个特定行业中，被认为可能对国家安全构成风险的广泛交易进行召回。同时，还设定了期限，英国政府可以对2020年11月12日及之后完成的交易行使召回权。该法的出台将对外国资本投资英国PPP市场产生一定影响。

二、加拿大：全球非常成熟的PPP市场之一

（一）加拿大拥有全球最活跃且成熟的PPP市场

作为加拿大PPP管理机构，加拿大PPP国家委员会（CCPPP）[①]对PPP项目有着严格的界定：PPP项目既要与基础设施建设和公共服务相关，还需要通过PPP模式使风险在不同部门之间转移，即公共部门和私人部门在项目中必须实现风险分担。正是由于加拿大拥有较为完善的法律体系和大量的实践经验，所以加拿大的PPP市场已经走向规范化，项目得到了有力的推进，

① 加拿大PPP国家委员会（CCPPP）是一个全国性、非营利、非党派的组织，其成员来自广泛的公共部门和私人部门，致力于促进所有层级的政府采用PPP模式提供基础设施和公共服务。

各个级别的采购部门有着丰富的经验，具备了显著的服务效率及交易成本优势。加拿大的 PPP 立法可以追溯到 20 世纪 90 年代，加拿大第一个政府和社会资本合作的基础设施项目是 1997 年建设的横跨诺森伯兰海峡的联邦大桥。十年后，联邦政府创建了 PPP Canada。PPP Canada 是一家从 2008 年开始推动 PPP 模式的公司，其在促进 PPP 模式发展方面发挥了关键作用，作为一种有效的方式来保证基础设施项目的顺利实施。PPP 已被加拿大不同司法管辖区广泛使用，这表明公共部门管理这些复杂项目的能力已经非常成熟。符合条件的总成本超 1 亿加元的公共部门项目需要接受由 PPP Canada 运营的“PPP 筛选”。筛选过程分为两个阶段：第 1 阶段，即筛选程序。协助项目发起人确定拟议项目是否合适。根据加权总分，筛选项目进入下一阶段。第 2 阶段，即采购选项分析。这是一份类似业务案例的文档，其中包含对采购选项等重要因素的详细分析、收益的定性和定量分析以及综合建议。如果“PPP 筛选”确定项目可以通过 PPP 模式成功采购，并且项目以 PPP 采购方式将产生更好的资金价值，则该项目将作为 PPP 交付，并获得加拿大基金投资资格。

目前，加拿大 PPP 制度已经形成地方、省、联邦三级政府 PPP 管理模式。对于基础设施规划，各个级别的政府都在积极地贯彻落实，对 PPP 项目的采购流程进行持续的优化。加拿大全国各地都有正在进行的 PPP 项目，从不列颠哥伦比亚省的绿色水电项目到新不伦瑞克省的水处理厂。在建设时期，PPP 项目能够为电力、建筑、项目管理、供水等诸多行业提供大量的就业岗位，同时拉动原材料生产、机械设备制造等相关行业发展。面对人口不断增长、基础设施老化等诸多挑战，加拿大政府采用 PPP 模式整合社会资本，有效利用其专业技能经验等比较优势，促进基础设施投资总额、公共服务范围的扩大。引入 PPP 模式以来，加拿大 PPP 项目已基本覆盖全国，涉及诸多领域，如交通、司法、医疗、文化、教育等，很好地拉动了加拿大经济发展，民众生活得到切实改善。

加拿大的 PPP 市场强大而稳定，并在近几年迅速发展。2021 年底，加拿大共有近 300 个 PPP 项目处于建设、运营与维护阶段，规模约为 1 390 亿美元，而 2019 年 PPP 项目投资规模为 1 040 亿美元，2017 年仅为 33 亿美元。

加拿大 PPP 项目的激增主要是为了解决和应对该国社会、交通和通信领域的基础设施恶化以及数量缺口。加拿大因拥有成熟的 PPP 市场以及大量成功的 PPP 项目，被一些希望通过 PPP 项目缩小基础设施差距的国家作为 PPP 模式发展的典范。

就项目行业而言，加拿大 PPP 市场投资规模最大的是交通领域的工程项目，数量最多的则是医院及医院护理服务类项目，其次为交通运输项目、司法领域项目、水利和污水处理项目以及教育类项目。PPP 项目在建设、运营和维护期间为其本国居民创造了大量的就业岗位，国民收入、政府税收以及国内生产总值得到显著增加，为经济发展做出了贡献。

加拿大 PPP 市场之所以能够取得长足发展，原因在于：第一，PPP 项目坚持“物有所值”准则。其注重在货物、服务购买及工程项目实施之前，对价格因素、质量、环境和社会可能遭受的影响、供应方案是否可靠、投标者业绩等诸多因素加以综合性的考量，因此能够科学地转移风险，并由社会资本合理分担。第二，PPP 市场组织机构完善。政府设立了专项资金对市场加以引导，此外还组织成立了联邦、地方 PPP 中心以及联邦皇家公司 PPP Canada 等。政府还通过强化纳税人责任，提升项目价值及效益，优化 PPP 项目供给。为了更广泛地推广 PPP 模式，联邦政府专门设立了加拿大 PPP 基金，投资 12 亿加元，占项目资金成本的四分之一。第三，加拿大已经具有较为完备的 PPP 立法，包括全国性立法和地方性立法，还有一些其他的政策，而最具代表性的是加拿大不列颠哥伦比亚省的 PPP 立法。加拿大联邦层面的 PPP 法律是《加拿大战略基础设施基金法案》，其对“战略基础设施”这一专门适用于 PPP 模式的概念进行了界定，即旨在实现公共利益的固定资产项目，涵盖高速公路或铁路、旅游或城镇发展、地方交通运输、水利及污水处理以及法律所明确的其他类型的基础设施。省政府层面的与 PPP 项目有关的法律包括各省的 PPP 政策以及交通、能源等基础设施行业的有关法案。第四，PPP 的运用强化了公共部门和私人部门间的合作关系，在对管理体系进行持续优化的基础上，完善了 PPP 市场的诸多环节。第五，加拿大为竞争性 PPP 市场的建设投入了大量成本且努力吸引全球社会资本参与项目投标。加拿大的证券市场已经基本成熟，因此 PPP 项目对银行融资并不存在过度依赖的问题。虽然资产的所有权始终由公共部门保留，但对加拿大 PPP 项目相关金融证券的外国所有权通常没有限制。

（二）加拿大 PPP 市场的外国资本

加拿大 PPP 市场是一个对国际竞争和外国资本开放的市场，并吸引着来自欧洲和美国的众多参与者。从风险角度看，其 PPP 市场又是一个相对保守的市场，对面临数量（或流量）风险的项目不太开放。由于加拿大 PPP 市场具有高质量的风险评级体系，因此加拿大基础设施领域的 PPP 项目能够吸引机构投资者，尤其是外国投资者。此外，加拿大 PPP 项目的二级市场已经发展起来，在整个加拿大具有一定的潜力。这有利于提高加拿大 PPP 项目的社会资本参与方尤其是外国资本参与方的积极性，增加其资本配置的能力。尽管大多数社会资本将 PPP 视为长期投资，但也有一些市场主体希望在相对较短的时间内转让其在某些 PPP 项目中的权益，以便将其资本部署到其他项目或部门。

尽管加拿大在 PPP 项目交付方面取得了成功，但受到新冠疫情的影响，其基础设施赤字仍然较大，并且呈现增长趋势。尤其是在全球范围内，由于劳动力、设备和原材料市场的供应链问题，新冠疫情导致运营中断和施工延误，这对尚未实现财务结算的 PPP 项目的融资渠道产生了负面影响。而 PPP 的特点是社会资本和政府之间的风险分担，加拿大联邦政府承诺提供相关基础设施资金，以弥补疫情造成的资金短缺。然而，政府资金兑现存在一定困难，可能导致工作岗位和政府收入的削减。这些趋势表明外国资本在后疫情时代的加拿大 PPP 市场中仍将发挥重要作用。

三、欧盟：PPP 市场活跃度有所下降

PPP 作为欧盟交通运输等基础设施领域重要的融资方式之一，近几十年来在欧盟推广较快，在一般公共服务、公共秩序、卫生、环境、娱乐文化、燃料及能源等行业领域均有所应用。与大部分国家或地区相比，欧盟 PPP 市

场发育较为成熟，然而近几年来，该市场无论是项目数量还是项目规模均呈现逐渐萎缩的态势（见图 3.2）。

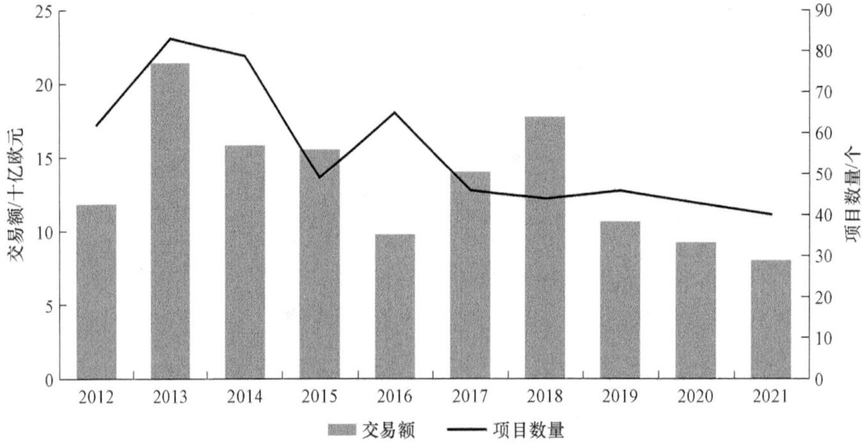

图 3.2　2012 年至 2021 年欧洲 PPP 市场交易额及项目数量

资料来源：EPEC。

2021 年，欧洲市场[①]完成财务交割的 PPP 项目交易总额约为 80 亿欧元，同比减少 13%。项目数量方面，受新冠疫情影响，2020 年欧洲有 43 个 PPP 项目完成财务交割，总投资规模为 79 亿欧元。从市场总体规模来看，欧洲 PPP 市场与 2019 年相比下降了 27%。从项目数量看，与 2019 年相比，PPP 项目[②]数量下降了 11%。其中，德国在项目规模方面、法国在项目数量方面成为欧洲最活跃的市场。2020 年，至少有 10 个国家完成了 1 个 PPP 项目，而 2019 年有 11 个国家。

值得注意的是，2020 年欧洲有 41% 的 PPP 项目[③]是政府支付的。2021 年，欧洲有 40 个 PPP 项目完成财务交割，与 2020 年相比略有下降。项目平均交易规模下降至 2.01 亿欧元。2021 年完成了三个大型项目，即意大利、土耳其和捷克的高速公路项目，项目规模达 38 亿欧元，占欧洲 PPP 项目总规模的 47% 左右。而 2020 年有 7 个大型项目，项目规模占欧洲 PPP 项目总规

① 包括欧盟 27 国以及英国、土耳其和西巴尔干地区国家（即阿尔巴尼亚、克罗地亚、波黑、北马其顿、黑山和塞尔维亚）。

② 至少为 1 000 万欧元的交易项目。

③ 在欧盟 27 国以及英国、土耳其和西巴尔干地区国家达成财务结算的交易项目。

模的 60%以上。此外，2021 年已完成的基于需求/收入的 PPP 项目比例上升至 68%，2020 年这一比例为 61%，相比 2012 年显著增加，当时只有 8%。2021 年完成的 PPP 项目数量略有下降，表明新冠疫情对 PPP 项目筹备和采购的影响并没有预期那么严重。尽管如此，新冠疫情的影响仍在并可能在未来几年内逐步显现。

从国别来看，在市场规模方面，2021 年，意大利是欧洲最大的 PPP 市场，总规模为 22 亿欧元，其 2020 年 PPP 市场规模为 4.73 亿欧元。2021 年意大利 PPP 项目规模较大主要受益于 Pedemontana Lombarda 高速公路特许经营权（21 亿欧元），该项目的合同于 2008 年签订，总投资成本估计为 41 亿欧元。在项目数量方面，法国 PPP 市场在 2021 年拥有最多的 PPP 项目，也是市场规模第二大的国家，完成了 17 项交易，占项目总量的比例超过 42%。2021 年，欧洲有 5 个国家至少完成了 2 个 PPP 项目的交割，13 个国家至少完成了 1 个 PPP 项目。

从行业来看，无论项目规模还是项目数量，交通运输都是 2021 年欧洲 PPP 市场份额最大的行业（见图 3.3），其 PPP 项目规模为 60 亿欧元，

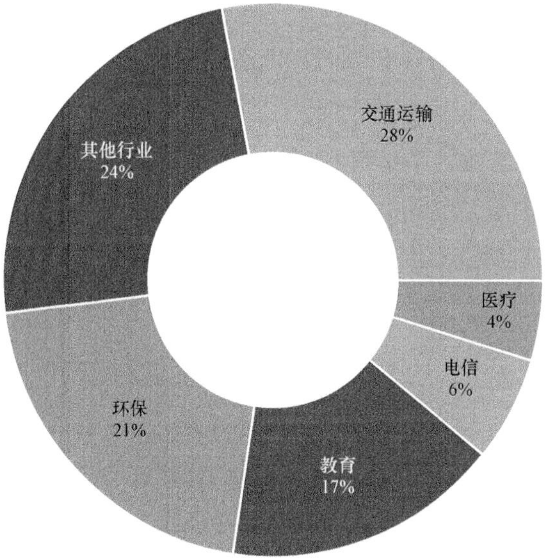

图 3.3 2021 年欧洲 PPP 市场计划项目数量行业分布

同比增长 3.5%。其中，有 16 个交通运输项目实现交割，同比增长 33%。环保行业是欧洲 PPP 市场第二活跃的部门，2021 年共完成 9 个项目，总规模约为 8.66 亿欧元，同比增长 32%。其中，包括法国的 4 个总规模为 3.85 亿欧元的区域性供热项目。

由于英国、土耳其和西巴尔干地区国家 PPP 市场占欧洲市场的份额并不大，因此欧洲 PPP 市场项目总额的下降以及项目集中度的提升，体现了 PPP 模式在欧盟市场上的活跃度有所下降。

第二节　部分发展中国家 PPP 市场发展及开放情况

从世界范围来看，PPP 模式于 20 世纪 90 年代一度盛行，1998 年 PPP 项目数量曾达高值，但此后的两年实践中，项目投资额和数量都有一定程度的减少，直至 2012 年发展中国家开始推广 PPP 模式，情况才有所变化。其原因在于 2012 年后发展中国家在大型基础设施建设领域的需求不断提高，而政府却资金有限，因此部分发展中国家政府采用 PPP 模式以期解决这种矛盾，这些发展中国家的 PPP 市场在近些年发展较为迅速。然而，值得注意的是，私人投资在发展中国家基础设施投资中仅占很小比例。

在东亚、东南亚和拉美地区的发展中国家基础设施建设项目中，PPP 模式得到了广泛应用，各国 PPP 市场规模不断扩大。据世界银行统计，1990 年至 2022 年上半年，中国占据了主要发展中国家 PPP 项目数量的首位，达到了 1 995 个（见表 3.1），印度和巴西完成的项目数量也较多，分别达到 1 153 个和 1 102 个，远多于其他中低收入国家。然而，在 PPP 市场投资额方面，PPP 项目投资总额最高的国家是巴西，1990 年至 2022 年上半年巴西 PPP 项目总投资额为 4 515 亿美元，其次是印度，达到 2 893 亿美元，土耳其、俄罗斯、中国和墨西哥的投资总额也都超过了 800 亿美元。对于发展中国家而言，其各地区对 PPP 模式的运用存在选择性偏差。

表 3.1　1990 年至 2022 年上半年主要发展中国家 PPP 市场项目投资情况

国家	PPP 项目数量/个	投资金额/亿美元
中国	1 995	2 686
印度	1 153	2 893
巴西	1 102	4 515
俄罗斯	386	820
墨西哥	362	966
阿根廷	255	596
土耳其	258	1 559
泰国	186	453
菲律宾	179	623
印度尼西亚	147	781

资料来源：世界银行 PPI 项目数据库。

PPP 已逐步成为发展中国家基础设施项目融资的重要方式。PPP 结构中的合同安排允许政府通过资产负债表外融资推动项目建设运营，同时避免大量的前期资本支出。近年来，一个普遍的趋势是发展中国家政府实施、整合或修改其 PPP 立法，以创造有利于外商直接投资蓬勃发展的环境。PPP 安排带来的长期稳定收入对大型投资者以及将资金集中到银团贷款中的中小型金融机构非常有吸引力。结构良好的 PPP 项目能够帮助发展中国家政府创造新的就业机会和促进可持续的经济增长，同时促进外国资本在国内市场中站稳脚跟，并为其提供更多的市场机会。

东盟地区多年来在健全的公共政策推动下持续繁荣和稳定的经济增长，使其成为世界上对外商直接投资极具吸引力的地区之一。如作为东盟成员国之一，泰国依靠其日益增长的基础设施发展来保持其区域竞争力。泰国以经济稳定、竞争力和善政为长期目标，一直致力于吸引外资。2017 年，该国投资促进委员会颁布了投资促进法修正案，2020 年，泰国将吸引外资政策纳入国家战略中，旨在吸引更多外商直接投资进入该国。然而，尽管该国经济增长迅速，但在基础设施方面仍然存在巨大差距，这为外国资本提供了极具吸引力的投资机会。几家国际机构利用 PPP 模式进入该国市场，并从投资组合多元化中获利，同时，更多的外国资本正在寻找新的机会。由于政治前景稳定的发展中国家呈现出比成熟经济体更高的投资回报率，越来越多的 PPP 项目正在吸引外国投资进入该地区。

随着 PPP 市场规模的不断扩大，近年来发展中国家逐步对国内 PPP 有关法律体系进行了改革和完善，如墨西哥在 2012 年通过了新的 PPP 法律，这部法律对私营部门投标人的权利进行了明确规定，以确保合同的顺利执行，保证采购项目或合同取消时的赔付，进一步提高了 PPP 合同的透明度，并就项目的净现值（NPV）、风险及成本收益等内容进行了说明。电信、运输的基础设施建设，以及港口、公路、机场等领域的建设，占据了墨西哥国内 PPP 项目的主要份额，该 PPP 法律的出台有效地推进了基础设施项目顺利进行。泰国第一部关于 PPP 的立法可以追溯到 1992 年的《私人部门参与国家事业法案》（PPSU 法案），该法案的颁布主要是为了防止招标过程中的腐败，但是该法在范围、程序、时间安排和项目评估标准方面未做明确要求，也没有对仲裁、主动项目和合同修改作出明确规定。随着 PPP 项目交易数量的不断增加和规模的逐渐扩大，需要升级相关支持 PPP 投资的立法框架，特别是为吸引外商直接投资而制定相关政策。因此，泰国在修订现有立法的基础上通过了 2012 年版《私人部门参与国家事业法案》，该法案更加全面系统地规制了政府和社会资本的权利和义务。修订的 PPSU 法案的主要改革包括引入物有所值（VFM）原则，明确不同类型 PPP 安排的先决条件，建立中央级别的 PPP 机构，制定战略项目总体规划，提出和评估战略项目主动提案的规定、项目开发基金（PDF）的创建以及整体上更加系统和透明的程序，以简化 PPP 投标过程。此外，危地马拉、洪都拉斯和乌拉圭都建立了新的 PPP 执行机构。巴西、哥伦比亚等国家将 PPP 项目的执行列入其国家整体规划中。印度政府出台《智慧城市建设的任务宣言与指导方针》，鼓励将 PPP 模式作为大部分基础设施建设的选择。这些国家在通过健全法律制度对 PPP 模式进行改革和推广的同时，也推动了 PPP 项目投资规模的不断扩大，提升了 PPP 市场对外国资本的吸引力。

然而，值得注意的是，尽管现阶段这些新兴 PPP 市场的快速发展已受到外国资本的广泛关注，但社会资本，尤其是外资企业在这些地区的投资还面临一些限制。以巴西、印度、菲律宾等部分发展中国家为例，虽然巴西在收费公路、港口、机场等公共交通部门的 PPP 项目数量较多、投资规模较大，但巴西近几年经济的衰退对 PPP 市场上外国投资者 PPP 项目的获取及投资收益产生了负面影响。近几年，菲律宾招标了大量的 PPP 项目，但根据其国内法律，外国公司最多能拥有 40% 的公共事业特许经营权，且设施运营商必须是菲律宾企业或菲律宾人控股的企业，根据当地法律对公共事业的定义，限制范围包括交通运输、铁路、供水等项目。越南对 PPP 项目合格投标方进行了限制，规定如果国外投标者在越南参加国际投标，必须与越南国内承包商建立合作关系或使用分包商进行投标，除非越南国内承包商完全没有能力参与投标项目。印度已有超过 1 500 个 PPP 项目处于不同的开发阶段，政府希望 PPP 模式在智能建筑、智能医疗、智能交通等领域的建设方面发挥作用，但也对以 PPP 模式吸引更多国外资本投入基础设施建设持一定保留态度。马来西亚出台相关规定，将外国股权或所有权限制在 PPP 项目总额的 25% 以下，虽然这一比例根据具体情况可以调整，但不能高于 49% 的持股比例。墨西哥政府规定，包括外资企业在内的私营企业不允许参与电力、核能等能源项目，外资企业对其他行业领域的投资也需要在墨西哥成立相关公司方能进行。

第三节 发达国家与发展中国家 PPP 市场开放比较分析

一、PPP 市场成熟度

德勤公司（Deloitte，2008）提出了 PPP 市场成熟度理论，在对各国影响 PPP 发展相关要素进行评估的基础上，根据 PPP 市场的灵活性和专业化程度将各国的 PPP 发展由低到高划分为三个阶段：第一阶段，发展中的 PPP 市场；第二阶段，活跃的 PPP 市场；第三阶段，运行良好的成熟 PPP 市场。并在此基础上对不同国家和地区的 PPP 市场发展情况进行了评估。其中，处于第一阶段即发展中的 PPP 市场国家的特点包括：一般已建立了 PPP 相关的政策和法律框架或者有关制度体系正处于建立健全之中，中央层面的 PPP 法律政策正在或已经制定，在 PPP 项目物有所值评估中对公共部门参照标准法有一定程度的运用，开始或正在构建 PPP 市场。处于第二阶段即拥有活跃 PPP 市场的国家通常具有以下特点：已经建立了 PPP 专业机构并开发了新的混合交付模型，能将 PPP 模式应用于服务创新的驱动方面，同时 PPP 项目能够从资本市场上获得杠杆资金。处于第三阶段即拥有运行良好的成熟 PPP 市场的国家一般能够将更为创新和复杂的风险模型运用于 PPP 项目中，更关注项目的全寿命周期，具有成熟的基础设施市场且市场上存在大量的养老基金和私募基金。

根据上述分类，中国、印度、墨西哥、巴西等发展中国家多处于第一阶段，其 PPP 市场灵活性和专业化程度较低，这些国家的 PPP 模式往往较为单一，相关政策和法律框架、对 PPP 项目的具体操作规范尚需完善，而政府和私人部门之间不明确的合约关系、无法有效规避风险等都是市场可能需要面对的问题。西班牙、新西兰、希腊、法国、加拿大等多数发达国家处于第二阶段，其 PPP 市场机制具有一定的灵活性且市场主体专业化程度适中，PPP 项目的运作，在管理上具有更高的灵活性，多数形成了国家层面的 PPP 专业机构。PPP 市场发展水平最高的国家为澳大利亚、英国及爱尔兰，其 PPP 市场及有关制度安排的灵活性和专业化程度均很高。

二、PPP 市场发展环境

经济学人智库（EIU）（2014）根据各国法律及监管、PPP 模式执行架构、PPP 项目经验、投资环境及金融市场的情况进行综合打分，对部分国家 PPP 市场的发展环境进行了排名（见表 3.2）。

表3.2 **部分国家PPP市场发展环境评分**

市场发展阶段	国家	2014年得分	2011年得分
成熟市场80～100分	澳大利亚	91.8	92.3
	英国	88.1	89.7
较发达市场60～79.9分	韩国	78.8	71.3
	日本	75.8	63.7
	巴西	75.4	69.8
	印度	70.3	64.8
	墨西哥	67.8	60.9
	菲律宾	64.6	47.1
新兴市场30～59.9分	中国	55.9	49.8
	印度尼西亚	53.5	46.1
	希腊	50.3	44.7
初级市场≤29.9分	塔吉克斯坦等其他国家	≤29.9	≤29.9

资料来源：Economist Intelligence Unit，Evaluating the environment for public－private partnerships in Asia－Pacific，2014.

EIU虽然仅对部分国家进行了PPP市场发展环境评分，但是已经涵盖了处于PPP市场不同发展阶段的典型国家，其将这些国家分为四类，即成熟市场、较发达市场、新兴市场以及初级市场。其中，发展环境得分较高的国家绝大部分是发达国家，而发展中国家由于其制度体系、投资环境、市场运行成熟度等方面存在不足，得分普遍低于发达国家。

然而，从2011年与2014年各个国家得分变化的对比来看，PPP市场成熟国家的得分基本持平，处于较发达市场及新兴市场发展阶段的国家得分则都有一定幅度的提高，说明发展中国家都不同程度地健全了PPP市场制度，改善了投资环境，加大了政府的支持力度，这也是近几年发展中国家PPP市场快速发展、规模不断扩大的原因之一。随着国内制度的不断完善，新兴市场国家在吸引国际资本更多关注的同时，开放程度也逐步提高。

三、对外开放态度

由于发展中国家国内相关产业发展水平及竞争力有限，为避免 PPP 市场大规模开放对国内市场主体带来的冲击，并确保国家对部分基础设施的绝对控股，大部分发展中国家对外资进入本国 PPP 市场的限制较多，许多国家都对以 PPP 模式建设和运营的基础设施项目的外资控股比例进行了一定的限制，而智利和秘鲁是例外，这两个国家 PPP 市场的所有相关行业都对外资开放。

发达国家由于国内 PPP 市场制度较为完善，市场主体竞争力较强，并且市场成熟度较高，因此对外资进入 PPP 市场的限制较少且门槛较低，但大部分发达国家在外资进入涉及国家安全的关键基础设施领域方面仍然持有保留态度。虽然依据的法律各不相同，但各国都或多或少地规定了本国涉及国家安全的行业领域，并对外资参与这类行业领域做出了限制，以规避因外资控制大量关键领域重要基础设施项目给国家安全带来的风险。此外，随着外国资本进入发达国家关键基础设施领域规模的逐年扩大，近年来部分发达国家对外资进入其基础设施项目，尤其是能源、电力等关系国家安全的基础设施领域的态度有所转变，并通过出台改革措施进一步强化对这些关键基础设施的国家控制权，缩减外资在部分行业部门的控股比例，如英国就有意出台相关规定，限制外国资本在涉及国家安全的基础设施项目中的持股比例。

第四节　外国资本参与 PPP 市场的影响因素

外国资本参与 PPP 市场能够在一定程度上提高项目成功率（见图 3.4）。亚洲开发银行的研究显示，外国投资者的存在或多边开发银行的参与对 PPP 项目的成功率有积极作用。而外国资本在 PPP 市场的参与度可能受到以下因素影响。

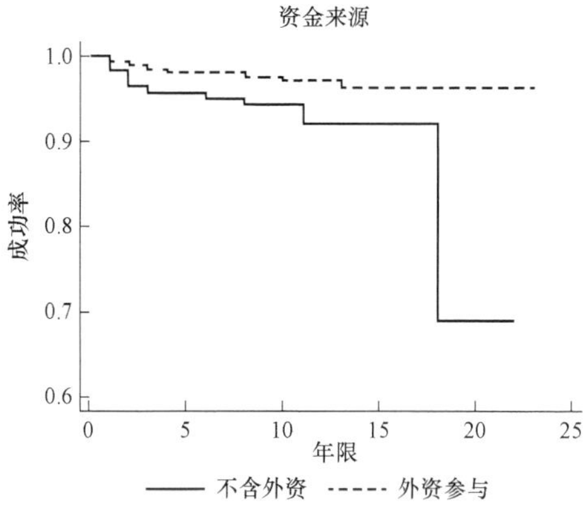

图 3.4 国内外社会资本参与对 PPP 项目成功率的影响

资料来源：世界银行。

一、宏观经济

宏观经济环境对 PPP 市场投资有直接影响。例如，由于国内金融市场不发达，部分发展中经济体从国外以贷款和股权的形式获得外国资本融资，因此汇率会对项目的可行性产生影响，货币风险成为可能阻碍外国资本参与 PPP 市场投资的重要风险之一。稳定的宏观经济环境将对社会资本投资，尤其是外国资本投资起到正面作用，而较高的通货膨胀则不利于 PPP 市场投资。高速公路、机场和桥梁等基础设施的使用寿命很长，无法长期对冲通胀对投资者的不利影响。宏观经济稳定在低通胀国家更为普遍，所以稳定的通胀对于推动基础设施 PPP 模式的国家至关重要。一国相对强劲的实际 GDP 增长率和财政政策、货币政策的完善都有助于增加其获得基础设施外国资本投资的机会。

二、信用评级

稳定的宏观经济环境和投资级别的信用评级能够促进国内外资本参与一国 PPP 市场。由于评级意见综合了金融、经济、政治和制度等风险因素，因此其是一个国家履行义务相对能力的重要指标。信用评级也成为影响一个国家信用的重要考虑因素，提高国际信用评级将有助于吸引投资者，获得积极的信用评级对于吸引外国资本参与其 PPP 项目发展计划大有裨益。如近十年来，法国和英国一直维持 AA 及以上级别的主权信用评级，其数十亿欧元的 PPP 项目计划很容易吸引债务和股权投资者。墨西哥 2021 年的主权信用评级为 BBB，也是经济合作与发展组织（OECD）成员，现已成功地在多个领域实施了 PPP 模式，包括道路、能源、机场、医疗保健、教育和水利等基础设施。20 世纪 90 年代，南非主权信用评级为 BB+，当时南非为解决失败的收费公路项目，实施了大量收费公路投资计划，现已成功利用国内私人商业银行完成小型 PPP 项目，并要求国际商业银行为大型电力项目融资提供出口信贷机构（ECA）担保支持。同样，波兰主权信用评级较为稳定，长期为 A 级，其主要通过商业银行、国际金融机构（IFI）和出口信贷机构为其有限的 PPP 项目计划提供资金。

三、PPP 制度建设

较为健全的 PPP 法律和监管框架可以确保国内 PPP 相关法律法规清晰全面，并通过二级立法和全面指导支持 PPP 立法。根据法律确立明确的权利，允许政府机构进行 PPP 项目采购，并能够在签订合同前获得明确的 PPP 采购授权。PPP 相关法律法规具有明确的采购流程，并坚持对所有投标人公平和平等的原则，公共部门的决策过程透明、公开，以确保 PPP 项目的有效竞争。这不仅能够提高外国资本的参与度，也有助于更好地实现物有所值。充分竞争将促进降低价格成本，并鼓励更好的技术解决方案，有利于政府部门和社会资本共同推动完成 PPP 项目。在韩国，由独立组织 PPP 基础设施投资管理中心对政府和社会资本合作关系进行政策和战略研究，并为制定和实施 PPP 政策的经济和财政部提供技术支持，同时，向外国投资者推广 PPP 项目，并制定有关 PPP 项目的培训计划。韩国规定外国投资的 PPP 项目中，对 1 000 万美元以上的外国投资免征公司税、收入税、收购税、注册税和财产税。

四、资本市场融资条件

如果一国金融市场不发达，没有完善的资本市场机制来引导这些社会资本投资，则基础设施的潜在社会资金不会得到很好的挖掘，养老基金和保险公司等大型机构投资者将其投资组合分散到基础设施项目中的机会便较少。这给各国政府推动 PPP 模式以帮助缩小基础设施建设活跃地区差距造成了额外困难，发展中经济体资本市场发展较为缓慢，受到新冠疫情影响，这种情况未来可能还会持续一段时间，这将会制约发展中经济体 PPP 市场的发展。然而，需要注意的是，一个发达的本地资本市场会增加一个国家对全球金融风险的敞口，而许多发展中经济体的政府正在努力避免这种风险，如东南亚新兴资本市场中，除印度尼西亚和马来西亚外，外资参与仍然相对较少。

许多发展中经济体在 20 世纪 80 年代末和 90 年代初改革了基础设施部门，通过自由化和私有化促进竞争，改善监管环境，并吸引私人和外国资本参与基础设施的管理和运营。目前，这些国家仍然需要通过协调和推动金融市场改革进一步利用社会资本对基础设施的投资。虽然大多数新兴经济体仍然依赖基础设施项目的财政融资，但由于巴塞尔协议变化导致财政负担增加和银行贷款减少，PPP 等已成为基础设施融资的替代方式。

五、政治环境和社会资本制度框架

稳定的政治环境和健全的社会资本制度框架是吸引 PPP 长期投资的必要条件。PPP 市场前景受到政治局势的影响。政治局势变化可能会影响投资者，尤其是外国资本对这些国家 PPP 项目投资机会的态度，不确定性将提高外国投资者的谨慎程度。同样，政治改革也可以代表一国正在加强或改进现有体制框架，未来或具有一定投资机会。而一国社会资本的实力关系着该国 PPP 市场是否对外国投资者的长期投资具有吸引力，尤其是在政治危机后一国社会资本的承受能力和恢复程度。投资者对政治风险的看法是一个复杂的判断过程，包括：外国投资者是否会被允许以任何形式获得合理的长期投资回报，投资期间是否会遭遇一国政府的任意干预或没收资产等情况；是否建立了保护外国资本相关权利的制度框架；人员和资产的物理安全是否得到保障等。

六、PPP 交易结构和项目担保

由于能够获得资产负债表外融资[①]，越来越多的政府以 PPP 模式吸引外商直接投资，并从社会资本参与方获得项目建设资金。虽然出资方由此会承担部分项目风险，但能够获得比标准企业贷款更高的利润率。为了对冲或减少与 PPP 项目融资相关的风险，社会资本可能要求采用结构化交易，例如备用信用证（SBLC）[②]或主权担保（SG）。如果主要债务人不履行付款义务，可以通过履约保证金和预付款保证金等担保来防止 EPC 合同的相关违约行为。

一些政府吸引外国资本参与 PPP 市场的激励措施是通过发行主权债券提供担保，以便在财务领域推进被认为符合公共利益的项目。如果 SG 由评级低于投资级别的主权实体发行[③]，则通过担保可以实现信用增级，这将提高出资方对交易可行性的预期。当信用额度由第一需求担保（例如 SBLC）支持时，也可以实现信用增级，交易的信用质量将主要基于 SBLC 开证银行（和 SBLC 保兑银行，如果有的话）而不是基于基础债务人的信用评级。在担保支持的债务融资交易中实现信用增级需要满足一些条件：（1）担保必须明确说明，在主要债务人违约时，贷款人可以随时获得银行的支持并且是不可撤销和无条件的；（2）或有财务义务项下的可用金额足以支付借款合同项下的本金和利息；（3）担保结构能够保证在基础债务人违约时及时足额支付贷款人的本息；（4）担保具有法律效力。通常，基于信用增级的交易，会被授予与担保发行人信誉一致的信用评级，而该评级通常高于基础债务人的信用评级。如部分多边机构、双边机构和出口信贷机构以及国际私人商业银行等，都对东盟的 PPP 项目提供资金和担保表现出兴趣。这主要归因于，多边机构

① 资产负债表外融资不影响政府和公共机构的信用。

② 如果客户未能履行与第三方的合同承诺，SBLC 构成银行代表客户签发的付款担保，作为次要付款机制。因此，SBLC 是一种很像银行保函的或有负债，主要区别在于前者要求其受益人在债务人未能履行其财务义务的情况下向开证行或保兑行提供催款通知。

③ 由信誉良好的信用评级机构评定。信用评级低于投资级或低于优等（Prime）或中上等（Upper Medium Grade）（取决于贷方的风险偏好）的主权实体发行的 SG 寻求信用增级。

和私人承销商实施了缓解政治风险的交易结构，及时发布了涵盖没收、征用和国有化的政策，PPP 项目融资交易已在主权信用评级远低于投资级别的东盟成员国成功完成相关 PPP 项目建设和运营许可证的续签，以及对法律、税收和关税制度的变更等不可抗力事件以及对承购协议等财务义务的主权违约的承保。国内外投资者和开发商、国际贷款人和保险提供商的参与调动了该地区社会资本参与 PPP 市场的积极性，并为未来 PPP 项目的建设提供了良好示范。

七、PPP 项目开发计划

在大多数国家，如公共部门设计了具体的 PPP 项目开发计划，将更有利于吸引足够数量的社会资本，特别是外国资本，也有利于推动投资者完成这些项目计划。这是一个双向的过程：政府首先设计 PPP 项目开发计划以吸引投资者，而 PPP 试点项目的成功吸引了更多的社会资本，并扩大了社会资本对 PPP 项目的竞争，改善了政府机构的定价和条款。例如，英国和法国的 PPP 项目一直保持着欧洲 PPP 市场和专业处置能力的领先地位，表明一国拥有大量 PPP 项目的重要性。这些国家并不会过于追求 PPP 项目规模或项目复杂性，这有利于增加 PPP 项目潜在的外国投标人和投资者从未来 PPP 项目的投标中收回投资成本的预期，提高一国 PPP 项目开发计划的吸引力。为此，部分国家通过先着手相对简单的项目，然后将经验应用于合同更复杂的项目，提高 PPP 项目计划的可信度和预期性。例如，墨西哥在成功启动了道路和发电等领域的 PPP 项目之后，才引入了合同上更复杂的社会基础设施 PPP 项目，如医院和大学。此外，为了吸引社会资本，尤其是外国资本参与 PPP 项目开发计划，还需要确保已宣布的 PPP 项目计划执行的一致性和透明性。无论是国内外实体还是债务或股权提供者，社会资本都需要确保该国 PPP 项目发展计划的长期投资潜力和经济的可行性，否则将不会投入人力和财力就相关项目进行竞标和融资。

八、PPP 项目争议解决机制

由于基础设施服务是基本服务，因此确保公众能够以负担得起的价格获得这些服务非常重要。对于 PPP 提供的基础设施服务，可获得性和可负担性都需要进行监管。出于战略和国家安全原因，一些国家对服务提供商的外国所有权施加限制。PPP 的采购程序，包括项目的准备、招标、批准和实施方式，可能会受到监管，以确保公平、透明和运营效率，尤其是在涉及公共资源（融资和资产）时。对监管机构独立性的要求减少了关于执行监管职能主体基本层面的问题。在国际上，世界贸易组织及其服务贸易总协定、双边协定等国际规则和协定为政府和社会资本合作关系提供了一定的监管依据，因此在大多数投资条款中都可以找到争端解决的相关规定，而一国遵守国际争端解决机制对于吸引外国投资者参与基础设施领域的 PPP 项目非常重要。

为 PPP 项目合同提供高效清晰的争议解决程序能够增加 PPP 市场的吸引力。同时，仲裁是最终和具有约束力的争议解决的更可行选择，其对外国投资者具有特殊的吸引力，已被用于全球 PPP 和其他主要基础设施项目的争议处理。同意将仲裁作为解决争议的最终方式对投资者很有吸引力，因为其争端解决将不依赖于当地法律，其适用的仲裁规则将是完整和健全的，可以在一定程度上保护机密，同时更成熟的规则还可以借鉴其他项目的经验，所以较多的外国投资者更愿意将国际仲裁而不是法庭诉讼作为首选。阿尔及利亚、摩洛哥、约旦和突尼斯的有关 PPP 项目合同纠纷已经根据国际公认的规则采用仲裁方式解决，特别是在涉及外国资本参与方的情况下，仲裁的方式有利于提高外国资本参与方的积极性。在以色列和埃及，PPP 合同纠纷经常需要仲裁，但与上述国家的经验不同，仲裁是根据国内规则进行的。如果这些国内仲裁规则广泛遵循国际公认的程序，将更有利于当地 PPP 市场发展，但需要国际项目投资者进行一些尽职调查。如果想要更多地吸引外国资本参与国内 PPP 市场，则可能需要审查并逐步完善相关仲裁规则，同时，对通过国际仲裁解决相关争议持更加开放的态度。

第四章
中国 PPP 市场的发展与开放研究

第一节　中国 PPP 市场所处的宏观环境

一、全球经济尚未恢复到疫前水平

2022 年，世界经济遭遇了一系列严重且相互叠加的冲击，如新冠疫情持续、乌克兰危机及其引发的粮食和能源危机、通胀飙升、债务收紧、利率上升、投资减少以及极端气候等。在一系列危机交织叠加的冲击下，全球经济增长整体继续放缓，许多国家在 2023 年面临经济衰退的风险。联合国预计 2023 年全球经济增速为 1.9%，成为数十年来增速较低的年份之一。世界银行预计 2023 年全球经济增长将大幅放缓至 1.7%，这是近 30 年来第三低的增长速度，仅次于 2020 年因新冠疫情和 2009 年因国际金融危机造成的全球经济衰退。全球经济增长将出现急剧、持久的放缓，全球增长预计将在 2024 年温和回升至 2.7%。但目前全球经济尚未恢复到疫前水平，特别是新兴市场和发展中经济体。

由于全球高通胀引发各国快速且同步的货币政策收紧、外部需求减弱以及乌克兰危机的不利影响，新兴市场和发展中经济体的前景已明显恶化，在信誉较差的新兴市场和发展中经济体尤为明显。低收入国家尤其可能因粮食短缺以及高物价而面临困境。继 2022 年经济增长大幅放缓后，世界银行预计 2023 年新兴市场和发展中经济体的经济增长率将基本保持在 3.4%。其中，中国 2023 年经济预计将持续稳定恢复。除中国外，2023 年新兴市场和发展中经济体的经济增长预计将放缓至 2.7%（见图 4.1）。欧元区和美国经济增长疲软预计将对新兴市场和发展中经济体的经济活动产生不利影响，特别是与这些主要经济体经济联系紧密的国家和地区。

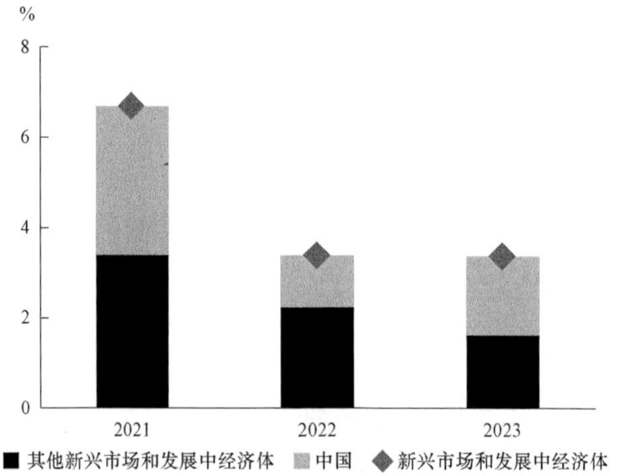

图 4.1　2021 年至 2023 年中国对新兴市场和发展中经济体增长的贡献

注：总增长率依据 2010 年至 2019 年平均价格和市场汇率下的 GDP 权重计算（GDP 以美元计价）。

资料来源：世界银行。

联合国也下调了大多数国家的经济增长预测。其认为全球经济尚未恢复到疫情前水平，特别是新兴市场和发展中经济体。贫困国家的人均收入前景尤其低迷。几乎所有的发达经济体和约三分之二的新兴市场和发展中经济体在 2023 年的经济增长预测都被下调，约一半的国家在 2024 年的经济增长预测被下调（见图 4.2）。尽管服务贸易正在复苏，但全球贸易预计将受全球经济增长缓慢拖累而走弱。下调经济增长预测意味着全球经济活动将持续低于疫情前水平，尤其在新兴市场和发展中经济体（见图 4.3）。

国际货币基金组织预测，2023 年，新兴市场和发展中经济体经济增长将触底回升。新兴市场和发展中经济体作为一个整体已经触底反弹，预计 2023 年和 2024 年的经济增速将小幅回升至 4% 和 4.2%。亚洲新兴市场和发展中经济体 2023 年和 2024 年两年的增长率可能达到 5.3% 和 5.2%。2022 年，中国的防疫限制和疫情反复抑制了经济活动。随着经济重新开放，经济活动和人员流动有望恢复，国际货币基金组织预测中国 2023 年的经济增速将反弹至 5.2%，印度仍是一个亮点。中国和印度两国将占到 2023 年全球经济增长的半壁江山，相比之下，美国和欧元区的经济增长总和仅为全球经济增长总和的十分之一。国际货币基金组织预计，2023 年全球通胀水平将下降，但即使到 2024 年，超过 80% 的国家的年均总体通胀和核心通胀仍将高于疫情前的水平。

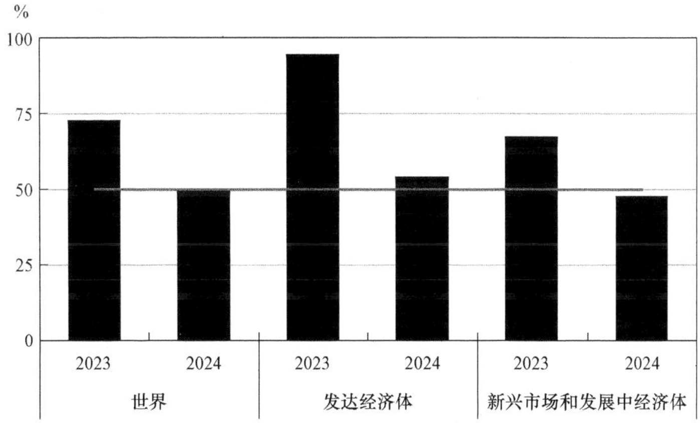

图 4.2　2023 年至 2024 年经济增长预测下调的国家比例

注：图中显示为自 2022 年 6 月《全球经济展望》发布以来经济增长预测下调的国家所占比例。

资料来源：世界银行。

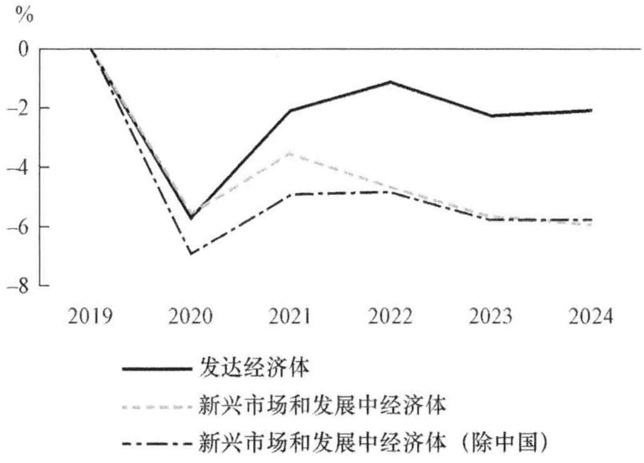

图 4.3　各类经济体产出与疫情前趋势的偏差

注：图中显示了 2022 年对各类经济体经济增长预测值与 2020 年预测值之间的偏差。

资料来源：世界银行。

二、世界经济受到多重因素影响

世界经济前景不容乐观，全球分化风险继续加大，传统和非传统挑战不断加剧。2023 年，全球经济增长仍处于放慢进程之中，经济增长疲软乏力，亟须寻找新的动能。国际货币基金组织对 2024 年和 2025 年经济增长的预测值仍将继续低于 2000 年至 2019 年 3.8% 的历史平均增长率。多重因素仍对世界经济走强起到阻碍作用。在劳动力市场持续紧张和工资压力增加的情况下，通胀可能居高不下，为此将需要继续收紧货币政策，而这将导致经济活动急剧放缓。乌克兰危机也仍然被视为影响全球，尤其是能源或粮食市场稳定的一个主要因素，并进一步冲击全球经济。

（一）高通胀压力持续存在

新冠疫情、粮食和能源危机、乌克兰危机等因素引发的通胀压力持续存在。2022 年，几乎所有经济体的通胀率都有所上升。飙升的通胀率受到供需的共同影响。全球平均通胀率约为 9%，达到 20 年来的最高水平。

在需求方面，全球经济从新冠疫情中逐步恢复，以及早期宏观经济支持的滞后效应，促成了持续的价格压力。船运和航空旅行等部门的价格上涨幅度特别大，这些部门的需求增长但产能受限、供应链中断。供应方面，关键商品的短缺因乌克兰危机加剧，促使能源和食品价格大幅上涨，一些国家劳动力市场的紧张状况和不匹配进一步加剧了工资上涨和投入及生产成本的增加；许多国家经历了大规模的货币贬值，从而导致进口价格、生产者价格和消费者价格上涨。因此，大多数经济体的短期通胀预期上升（见图 4.4）。相比之下，长期通胀预期相对更稳定，自新冠疫情发生以来，新兴市场和发展中经济体通涨率只上升了约 0.15 个百分点。

同时，利率大幅快速提高、地缘政治紧张局势加剧以及全球经济前景疲软等因素引发了多国的“避险潮”。非居民投资组合流动逆转以及本国货币对美元贬值，进一步加大了各经济体内部的通胀压力。尽管 2023 年价格上涨压力可能会有所缓解，但预计未来全球通胀率仍将保持在 6.5% 的高位。鉴于在支持增长的同时维持物价稳定的政策挑战，中央银行需要最大限度的政策灵活性来锚定长期通胀预期。根据 2008 年国际金融危机以来积累的经验，重新评估和调整货币政策工具，可能是各国更好地支持物价稳定和政策可信性的理性选择。

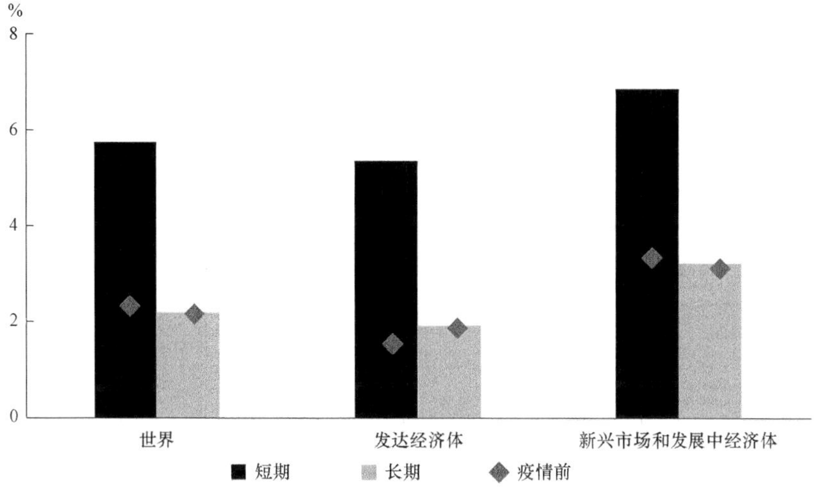

图 4.4　通货膨胀预期

注：根据 2022 年 12 月的调查，33 个发达经济体和 50 个新兴市场和发展中经济体的 CPI 通胀预期中值为一年（短期）和五年（长期）。菱形表示基于 2020 年 1 月调查的疫情前水平。

资料来源：世界银行。

（二）主要经济体政策收紧

为应对高通胀压力，2022 年全球主要中央银行普遍转向紧缩货币政策，出台加息政策。全球超过 85% 的货币主管当局上调了利率，但市场流动性损失对全球经济产生了重大的负面溢出效应。世界银行预测，当 2023 年各国的通货膨胀率接近各自标的率时，各中央银行，尤其是发达国家的中央银行，将放缓加息步伐。由于各种经济、金融、地缘政治和环境的风险持续存在，国际资本市场金融条件收紧，也加剧了许多发展中国家国际收支和债务的脆弱性。在日益严峻的宏观经济和金融环境中，许多新兴经济体和发展中国家面临陷入投资疲软、增长缓慢和偿债负担不断加重这一恶性循环的风险。

值得注意的是，为应对短期影响而选择的政策组合因国家而异，这取决于各国资源的可用性和各国面临风险的具体性质。除了直接收入支持计划外，政府和中央银行还史无前例地使用旨在提供临时债务减免的政策，包括为家庭和企业延期偿还债务。尽管这些计划减轻了家庭和企业面临的短期流动性问题，但也产生了掩盖借款人真实财务状况的意外后果，从而产生了一个新问题，即经济中信用风险的真实程度缺乏透明度。不同收入水平的国家，其财政、货币和金融部门出台的相关政策的比例具有一定差别，如图 4.5 所示。

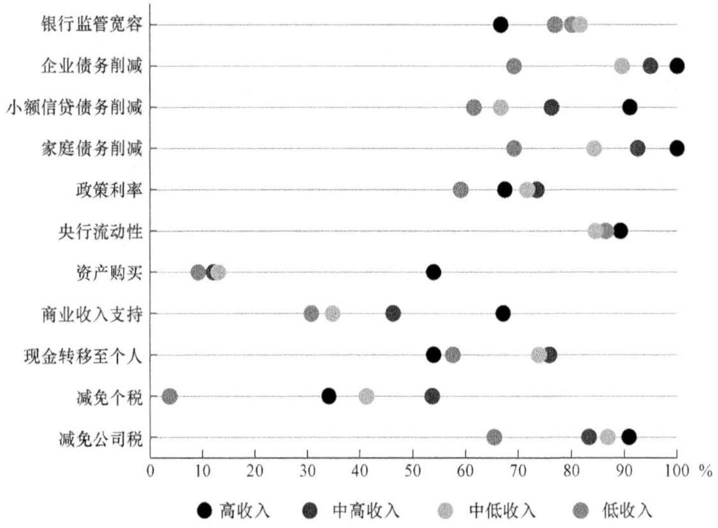

图 4.5　财政、货币和金融部门应对新冠疫情的政策比例（按国家收入划分）

资料来源：世界银行《世界发展报告 2022》。

因此，未来货币政策面临重大挑战和权衡取舍，各国政策制定者需要谨慎调整宏观经济政策，在刺激产出和抑制通货膨胀之间取得平衡，同时有效协调货币和财政政策，以尽量减少长期经济严重下滑的可能性。在整体经济政策上，既要引导本国经济度过当前危机，也要支持包容性可持续复苏。这在一定程度上增加了政策效果的不确定性。

（三）疫情叠加“黑天鹅”事件

新冠疫情尚未完全消退，地缘政治冲突导致全球经济政治形势更加严峻复杂。疫情的“V 型”冲击和反复导致全球供应链多处中断，引发了大范围库存波动和一系列生产瓶颈。在新冠疫情的第一阶段，商品需求激增、服务需求崩溃；后来，随着各国放松与疫情有关的经济限制，商品和服务需求持续释放。这两个过程对生产者价格和消费者价格都构成了上行压力，甚至在乌克兰危机之前就已出现，将发达国家的通胀推高至既定货币目标之上，并将许多新兴经济体和发展中国家的通胀推高至 20 世纪 90 年代初第一次海湾战争以来未见的水平。

尽管不能排除病毒再次变异的风险，但抗击通胀的优先级已高于疫情，尤其在发达国家。通胀率的上升引发了一场辩论，其争论的焦点是，在一些国家，特别是在美国，疫情刺激政策是否过于扩张，或者是否需要在疫情后延续这种生产、消费模式，当前模式更多地受到政策惯例和政治权宜之计的驱动，而不是经过衡量的评估。

从 2021 年年中开始，通胀压力导致一些国家开始收紧货币政策，以应对不平衡复苏的衍生影响。货币紧缩在 2022 年初获得动力，当时乌克兰危机的爆发引发了另一场不利于全球供应链的冲击，导致本来就在上涨的食品、能源价格进一步飙升。对于石油而言，这显然是投机交易的结果，因为价格上涨的速度远远超过了供应和消费的任何变化。截至 2022 年，即使是以前的低通胀经济体也面临着接近两位数的危险通胀压力，在没有其他政策措施的情况下，这迫使央行以几十年来从未有过的速度提高短期利率。

非常规救市措施对全球经济的影响难以预估。在新冠疫情背景下，发达国家和国际金融机构实施的超常规救市举措在稳定全球金融市场和投资者预期方面确实立竿见影，但是超常规刺激举措虽然短期内在一定程度上稳定了各国的经济形势，但是从中长期来看为全球金融体系尤其是发展中国家经济复苏带来了较大的不确定性和风险：主要经济体消费刺激措施可能更多地使其国内需求受益，而发展中国家旅游或贸易提振则需要较长时间，目前其经历的更多是金融投机性活跃。此外，发展中国家金融系统较为脆弱，也缺乏强大的科技经济实力，效仿发达国家超前实施无节制的财政和货币政策扩张，短期看有助于稳定市场预期，但从中长期看，发达国家超常规货币政策的常态化输出通胀，稀释其自身的外债负担，带来国家间财富的再分配，对发展中国家不利；美国因通胀压力过大而对美元加息，会加剧部分发展中国家债务负担，带来汇率贬值等风险，拉美等新兴经济体尤其如此。

（四）国际经贸规则加速重构

随着世界经济格局调整，国际经贸规则加速重构，国际秩序和全球治理体系变革更加深入。目前，国际经贸规则体系主要包括 WTO 多边贸易协定，WTO 框架下的诸边协定，以《全面与进步跨太平洋伙伴关系协定》（CPTPP）、《区域全面经济伙伴关系协定》（RCEP）、《美墨加贸易协定》（USMCA）等为代表的区域经济一体化协定以及双边投资贸易协定等。由于多哈回合进展缓慢，多边贸易体制难有新的突破，以自由贸易协定为代表的区域经贸合作逐渐成为国际经贸规则重构、搭建全球经济治理的重要机制和平台。

1. 区域贸易协定生效、签署和启动谈判的数量不断增加

WTO 区域贸易协定数据库（RTA Database）显示，截至 2023 年初，全球已生效的区域贸易协定（RTA）达 356 个，出现了众多既参与多边贸易规则框架，又参与区域贸易规则框架的具有双重身份的成员。

高标准区域和双边贸易安排以及被纳入大量规则议题的讨论，对国际规则重构提出了更高要求。部分奉行“高标准”的区域或双边贸易协定正在持续推进全球贸易自由化的进程和贸易壁垒的减少，如 CPTPP、日欧 EPA、《欧盟—加拿大综合经济与贸易协定》（CETA）、USMCA 等，这些区域和双边贸易协定的生效将对国际规则的重构提出更高的要求，同时在关税减免、贸易投资便利化、原产地规则和知识产权保护等具体经贸规则上掌握了重要的主导权，在一定程度上体现了国际经贸规则重构的趋势和方向。以 CPTPP 为例，虽然其性质属于自由贸易协定，但其相关规定超出了传统区域贸易协定。根据 WTO 的统计，20 世纪 90 年代以来，生效的 RTA 的通报数量快速增长，具体如图 4.6 所示。

2. 中美经贸关系调整对国际经贸规则重构产生影响

一直以来，以 WTO 为代表的多边贸易体制致力于在成员方之间推动自由贸易、公平贸易，但是近年来，美国试图打破甚至逆转这种规则导向。2019 年以来，美国陆续提出《一个无差别的 WTO：自我认定的发展地位威胁体制

的有效性》、总理事会决议草案[①]、《2019 年贸易政策议程及 2018 年年度报告》[②]、《关于改革世界贸易组织发展中国家地位的总统备忘录》[③]等文件，彻底颠覆了 WTO 有关发展中国家的定义及其特殊和差别待遇的做法。

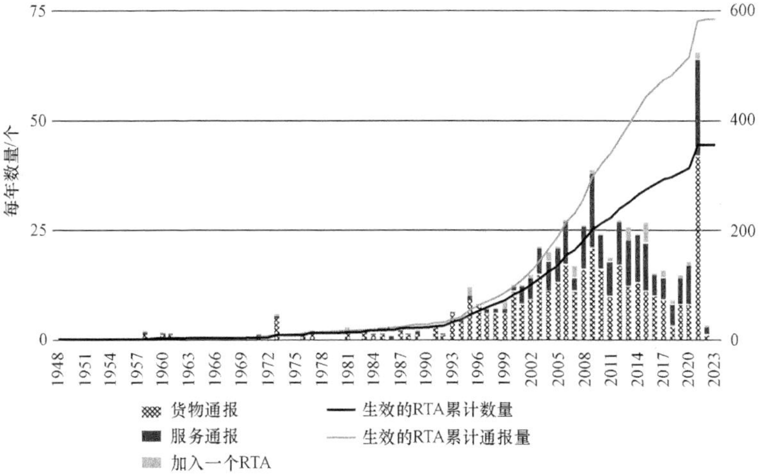

图 4.6 1948 年至 2023 年第一季度已生效的 RTA 数量

资料来源：WTO。

在区域和双边贸易协定层面，虽然美国已退出 TPP，但其之前主导的 TPP 为广大发展中国家设置了更高门槛，[④]这些高标准规定大部分被 CPTPP 纳入。

---

① 2019 年 2 月，美国提出一份总理事会决议草案，要求根据其制定的发达国家标准（即 OECD 成员、G20 成员、世界银行规定的高收入国家、占全球货物贸易量 0.5%以上）来排除一些国家的发展中国家地位，并辅之以一个兜底条款，即不排除在今后的部门谈判中通过“达成协议”剥夺上述标准未涵盖的任何其他发展中国家的特殊和差别待遇。

② 2019 年 3 月，美国发布《2019 年贸易政策议程及 2018 年年度报告》，将“改革世界贸易组织对发展中国家的对待问题”作为其四项改革主张之一。

③ 2019 年 7 月，美国发布《关于改革世界贸易组织发展中国家地位的总统备忘录》，再次抨击 WTO“过时的发达国家和发展中国家的二分法”。

④ TPP 不仅要求货物和服务市场的全面开放，而且对知识产权、电子商务、投资、政府采购、环境与劳工保护、国有企业、规则的协同性和透明度以及反腐败等新规则领域都进行了严格界定。这些高标准强化了美国等发达成员在亚太价值链上游和下游结构中的绝对优势地位，却提高了发展中成员和非成员分享全球知识与科技进步的门槛，更是将非成员排除在美国主导的全球价值链体系之外。国家签署的区域和双边贸易协定会对国际经贸规则重构产生一定的引导作用，但由于缔约国家较少，许多发展中国家都被排除在外，这无疑给中国参与全球经济治理和推动国际经贸规则重构提供了重要机会。在区域和双边贸易协定正在成为新一轮国际经贸规则制定主导力量的背景下，中国在向 WTO 提出改革方案的同时，也逐步扩大与相关国家和地区的经贸合作，截至 2021 年底，我国共与 26 个国家和地区签署了 19 个自贸协定，并致力于 RCEP、中日韩、中国—新加坡、中国—新西兰自贸协定升级谈判，还通过推进共建“一带一路”不断加强与沿线国家的双边合作，这也反映出中国在新一轮国际经贸规则重构中的战略诉求。

美国正在以自己的标准为多边和双边合作划定“发展中国家”标准，并对其涉及“最惠国待遇原则”等作出新的调整。2020 年 2 月，美国直接在“发展中国家名单”中剔除了包括中国在内的 25 个国家，意图重构防范中国的国际经贸规则体系。2021 年，以美国为首的“七国集团”（G7）发表声明，G7 重申“对市场开放和全球贸易体系的承诺”，强调“该体系不应受到不公平贸易的破坏”，并“对越来越多地使用非市场政策和做法感到关切”，认为“非市场政策和做法”扭曲了竞争，降低了系统的公平性和信任度，将对基于规则的多边贸易体系的完整性和可持续性“产生威胁”。在具体问题上，G7 聚焦于工业补贴，包括导致产能过剩的补贴、国家在经济中的作用和国有企业在不公平补贴中的作用等补贴透明度问题，以及强制性技术转让等。G7 要求以加快推进相关议题谈判的方式，制定“更加有力的国际规则”，包括“开展必要的技术工作”以改进相关问题的透明度。

3. 边境后措施成为国际经贸规则重构焦点

经贸规则覆盖面进一步拓展，关注重点逐步由 WTO 框架下的关税、配额、海关监管、市场准入等边境措施，转向一国的经济社会政策、产业政策、环境政策等边境后措施，涵盖经济、制度、法律、监管等多元化领域，内容和范围不断涉及新议题，如服务贸易、知识产权、电子商务、国有企业等。

一方面，边境后措施是美欧日针对“非市场导向政策和做法”的关注重点。美欧日联合发布多份联合声明[①]，质疑“非市场导向政策和做法”，竭力推动建立新一轮高标准经贸规则，不仅强调减少边境上壁垒，且更加关注边境后措施。（1）改革补贴规则。扩大禁止性补贴范围，将国有企业纳入公共机构范畴。提高补贴透明度，包括补贴通报、补贴信息披露等，建立补贴通报的激励机制和不通报行为的惩罚机制。（2）提高透明度。增加 WTO 成员方对现有通知义务的遵守程度，要求发展中成员方提高透明度，在包括通知义务及通知义务的履行等方面做出完全承诺。（3）完善投资审查机制。拟进

① 美欧日三方在 2017 年 12 月、2018 年 3 月、2018 年 5 月、2018 年 9 月、2019 年 1 月、2019 年 5 月和 2020 年 1 月发表声明。目前，三方发布的共识内容主要集中于市场导向条件与更改 WTO 补贴规则方面，对于其他问题暂未发布文本共识。

行投资审查机制的三方合作，并分享风险分析和缓解方法的最佳做法。（4）界定公共机构。探讨公共机构实体的界定标准，明确国有企业与公共机构的关系，以及公共机构和国有企业的额外义务和规则。（5）确立市场导向条件。明确具备“市场导向条件”的七个标准①，认为政府融资或支持的产能扩张、产业补贴和国有企业属于典型的“非市场导向政策和做法”。

另一方面，消除边境后壁垒的措施已经在区域贸易安排中落实。美欧日联合声明虽然不具备法律效力，但已经在由其主导的区域贸易安排②中纳入了针对“非市场导向政策和做法”的相关限制性措施。（1）补贴政策。美欧日等发达经济体设定了非商业援助的标准③，并严格禁止对国有企业进行禁止性补贴和有害性补贴，包括禁止缔约方政府、国有企业对其他无资信保障的国有企业提供贷款或贷款担保，禁止对无可靠重组计划的破产国有企业提供非商业援助，禁止将国有企业的未偿债务转化为权益等。（2）透明度。要求及时披露补贴、国有企业、监管环境、竞争政策、电信传输网络等相关信息④，以提高透明度。（3）投资政策。美欧日等经济体在市场准入、投资待遇、禁止业绩要

① 七个标准包括：企业在价格、成本、采购和销售方面的决策反映市场信号；投资决策反映市场信号；资本、劳动力、技术和其他要素的价格由市场决定；针对或影响企业的资本分配决策根据市场信号自由决定和做出；企业受国际认可的会计准则的影响，包括独立核算；企业受公司法、破产法和私有财产法的约束；企业上述决策无政府的重大干预。

② 主要区域贸易协定包括《美墨加贸易协定》（USMCA）、《全面与进步跨太平洋伙伴关系协定》（CPTPP），以及日本与欧洲经济伙伴关系协定（日欧 EPA）。

③ CPTPP 针对国有企业设定了“非商业援助”标准。第 17.4 条明确规定各缔约国国有企业的采购、销售等行为都要出于商业考虑。“非商业援助”对如何认定政府向国有企业予以补贴、采取救济措施等提供了衡量的标准。如果一国政府对其国有企业的援助使其受益巨大且政府主观袒护，则可以认定该政府对国有企业实行了“非商业援助”，除非有证据表明国有企业是为了提供公共服务。协定第 17.6 条还对判断一国对其国有企业的非商业援助是否影响其本土私有企业的发展提供了判断标准。

④ USMCA 第 22.10 条要求提供或在官网上公布国有企业名单并每年更新，通知或公布制定垄断或扩大现有垄断范围，并在另一缔约方提出书面请求时立即以书面形式提供关于国有企业或政府垄断企业的相关信息。CPTPP 规定了中央层级政府信息披露要求，以提高透明度。第 26.2 条规定中央层级政府及时进行信息披露，对于一缔约方中央层级政府与本协定所涵盖任何事项相关、可能影响各缔约方间贸易或投资且依照第 2 款（a）项予以公布普遍适用的拟议法规，每一缔约方应在其官方公报或官方网站上公布。日欧 EPA 对监管环境、竞争政策、电信传输网络和服务、自然人的入境与临时居留等方面的透明度作出要求，同时针对补贴行为，提出了主动通知的相关规定，并要求缔约双方在磋商过程中按要求提供所需的信息。

求等方面作出了自由化规定①。在投资审查机制中增加国家安全例外条款，以维护其在全球的战略性竞争优势。（4）国有企业。美欧日等经济体对国有企业的股本、投票权、管理人员以及控制权进行明确界定②。同时，对国有企业在经营期间的商业考虑和非歧视待遇、豁免和公正规则、非商业援助提出要求③。

4. 经贸规则向高标准化发展

以 CPTPP、CETA 等高水平自贸协定为例，除了要求协议各方贸易自由化水平达到 90% 以上，还引入了原产地规则④和三零原则⑤、负面清单原则和准入前国民待遇原则，这些高标准的经贸规则对以 WTO 为基础的传统多边贸易体制和世界经济格局将产生更为重要的影响。

第二节　中国 PPP 市场发展现状

2013 年以来，在政府的大力推动下，中国 PPP 市场进入快速发展时期，市场规模不断扩大，几乎覆盖所有基础设施和公用事业行业以及大部分省份。

① USMCA 和日欧 EPA 要求缔约方不得以企业的数量、交易或资产的价值、产出量、持股比、雇用员工的数量或者实体的形式（合资企业或法律实体）等对投资设限，且在投资的设立、获取、扩大、管理等方面提供国民待遇和最惠国待遇；不得实施强制性的出口规定水平比例、当地含量等要求；不得对高级管理层和董事会人员所属国籍做出要求。

② 三大协定中对国有企业的规定在股本、投票权以及管理人员上要求表现一致：一缔约方在该企业中直接拥有 50%以上的股本；通过所有人权益直接或间接地控制 50%以上投票权的行使；拥有任命董事会或其他有同等管理机构多数成员的权力。但对控制权的规定有所区别，USMCA 规定企业控制权涵盖包括间接或少数所有权在内的任何其他所有者权益；持有控制企业的权力；而日欧 EPA 规定为有权依法指导企业的行动，或者依据法律法规行使同等程度的控制权。

③ CPTPP 旨在推动国有企业与私人企业在国际贸易和投资领域进行公平竞争。国有企业与指定垄断章节中的大部分内容已经超越了 WTO 和美欧等自由贸易协定的标准，比如扩大和加强非歧视性原则，对国有企业产品和服务出口以及境外经营提供补贴制定详细规则等。CPTPP 把国有企业规制的重心做了转移，以往的贸易协定中规定国有企业的竞争中立，CPTPP 第 17.6 条转变为政府不得对其提供非商业援助。

④ 原产地规则是指一国为了实施关税的优惠或差别待遇、数量限制或与贸易有关的其他措施，海关必须根据原产地规则的标准来确定进口货物的原产地，给予相应的海关待遇，严苛的原产地规则将推动全球价值链区域化。

⑤ 三零原则，即许多发达经济体以“零关税、零非关税壁垒、零补贴”的原则为核心经贸规则对发展中经济体施压，强化发达经济体之间的战略协调。

2014 年至 2022 年第三季度，全国 PPP 综合信息平台管理库累计入库项目 10 331 个、投资额 16.5 万亿元人民币。行业方面，市政工程、交通运输、城镇综合开发等入库项目数占据前三位。这主要源于基础设施投资的大规模增长。中国的经济增长结构一直是以投资拉动为主，在下行压力持续较大的背景下，基础设施投资再次起到了稳定经济增长的关键作用。

当前，中国通过新一轮对外开放政策吸引外资参与基础设施投资，不仅能够扩大市场有效需求，带动经济增长，而且随着基础设施的不断完善，还会产生倍增效应。在这一背景下，PPP 作为引入外资和民营资本发展基础设施建设和公共服务供给的创新性工具，得到了中国政府的大力推广，受到了地方政府的欢迎，其缓解了地方政府在发展基础设施方面的财政压力。随着中国政府加快 PPP 市场制度体系改革的进程，改进了 PPP 项目采购社会资本合作方的选择程序，项目落地速度加快，PPP 市场投资环境更加公平、透明。

此外，中国提出“一带一路”倡议旨在促进亚洲及其他地区的贸易并促进经济增长。通过陆地和海洋连接以亚洲和欧洲为主的约 60 多个国家，推动沿线国家基础设施建设。

在中国的基础设施投资中，外商投资持续增加。除银行、证券、保险之外，2022 年中国吸收外商直接投资新设立企业 38 497 家，实际使用外商直接投资金额 12 327 亿元人民币，同比增长 6.3%。其中，“一带一路”沿线国家对华直接投资（含通过部分自由港对华投资）新设立企业 4 519 家；对华直接投资金额 891 亿元人民币，同比增长 17.2%。其中，电力、交通运输、供水等基础设施领域外商直接投资与上年相比都有一定程度的增长。

近年来，中国通过 PPP 模式推动基础设施和公共工程的融资，减少地方政府债务并为社会资本创造新机会。2023 年以来，稳经济政策的效果持续显现，经济运行整体呈现企稳回升的态势。随着国家加大力度推动投资和巩固经济复苏，PPP 项目正在中国加快启动。当前中国经济正处于企稳关键阶段，PPP 项目将发挥更大作用。

第三节　中国 PPP 市场主要特征

2022 年，中国经济总量稳居世界第二位，其中第三产业增加值占国内生产总值比重超过第二产业，基础设施水平全面跃升，常住人口城镇化率从 2010 年的 48% 上升到 65%。城镇化的快速推进促进了公共交通基础设施的发展，缓解了交通拥堵，加强了城市通勤者移动的便捷性，其他如供水、燃气以及垃圾处理等公共基础设施建设也因城镇化的不断推进得到了快速发展。正是由于中国政府在上述领域对 PPP 模式的大力推广，经过几年的发展，中国已成为全球重要的 PPP 市场之一，并逐步形成了以下几个特征。

一、中央政府的支持成为推动 PPP 市场改革的重要驱动力

近几年，中国 PPP 市场发展速度很快，其原因之一在于中央政府有力地推动了 PPP 市场改革的进程。2013 年 11 月召开的党的十八届三中全会明确，经济体制改革的核心问题是处理好政府和市场的关系，使市场在资源配置中起决定性作用和更好发挥政府作用。同时提出，允许社会资本通过特许经营等方式参与城市基础设施投资和运营。中央政府层面对 PPP 的大力支持有力地协调了 PPP 市场不同行业管理部门之间的关系，加快推动了一系列 PPP 相关政策的制定和全国各地试点项目的发起。在地方政府层面，PPP 模式有利于提高效率和透明度，并缓解地方政府持续增长的财政压力，因此得到了地方政府的推广。

此外，PPP 模式的广泛应用加速了中国 PPP 相关法律制度框架的建立和健全，但现行 PPP 管理制度的法律层级和效力依然较低，对 PPP 的内涵外延、职责分工等缺乏法律层面的统一规制，当前推进 PPP 工作仍面临政策预期不稳、管理职责不清、程序衔接不畅等问题。尽管中国 PPP 市场的相关法律和规范体系尚不成熟，国家层面的 PPP 立法仍在酝酿之中，并且与“物有所值”

相关的规则指南以及评价 PPP 模式运用适当性的标准体系尚未建立和出台，但是近年来在基础设施建设不断发展的推动下，与 PPP 有关的法律法规不断完善，包括 PPP 市场参与主体从外资扩展到全部私人投资者，参与方式从过去限于 BOT 方式扩展到允许采用多元化模式，并且提供了更多具有可操作性的法律规范和市场规则。如通过制定《政府和社会资本合作项目政府采购管理办法》《政府和社会资本合作项目财政管理暂行办法》等，明确通过公开招标、竞争性谈判、竞争性磋商等公开竞争性方式选择 PPP 项目社会资本方，保障各类市场主体平等参与、公平竞争；借助《PPP 项目合同指南》《财政部办公厅关于印发污水处理和垃圾处理领域 PPP 项目合同示范文本的通知》等，维护 PPP 项目合同各方平等民事法律主体的地位，明确民事诉讼、仲裁等合同争议解决方式。但由于上述文件法律层级和效力较低，未能有效解决《中华人民共和国招标投标法》（以下简称《招标投标法》）和《政府采购法》的适用问题，且与《最高人民法院关于审理行政协议案件若干问题的规定》关于 PPP 项目合同性质的界定并不一致。

二、PPP 市场行业发展不平衡

随着国有企业混合所有制改革的推进，中国政府允许私人企业建立金融机构并参与国有企业的改革，这使得私人企业能够投资的领域也不再局限于过去公路、桥梁、发电、供水和污水处理、垃圾处理等，高速公路、水利、石油和天然气相关领域、电信、矿产资源开发、政策性住房、医疗、教育、社会福利服务等行业和部门也成为私人资本允许进入的领域。然而，中国 PPP 市场内部行业分布不均衡，目前 PPP 项目的主要投资集中于盈利模式清晰、投入金额较高的市政工程、交通运输、房地产开发以及养老等领域，而社会保障、医疗卫生、教育等盈利模式尚不清晰、收益较不确定的行业投资热度不高。

2021 年，根据项目数量，财政部 PPP 项目涉及的行业领域可分为三个梯度：第一梯度包括市政工程、交通运输、生态建设和环境保护等三大行业，项目数量均超过 1 000 个，而市政工程的项目数量已有 5 000 余个；第二梯度包括城镇综合开发、教育、水利建设、旅游等，项目数量均介于500个和1 000个之间；第三梯度包括医疗卫生、文化等其他行业，项目数量较少，均在500个以下。2021年，国家发展改革委PPP项目数量排名前五位的分别是城市基础设施3 039个、农林水利1 058个、社会事业899个、交通运输875个以及环保项目808个。

根据世界银行统计，2000年至2022年上半年中国主要行业及子行业融资方案已完成的PPP项目投资（见表4.1）中，供水和污水处理项目数量最多，达到629个；能源项目有588个，位居第二，其中电力项目393个；交通运输项目有306个。从项目投资规模角度来看，投资金额最多的是交通运输项目，累计达到1 296亿美元。PPP项目数量表明了中国PPP模式的推广力度，同时PPP项目涉及较多的领域有收费公路以及供水、供电、环卫、城市燃气等市政公用设施。数据还体现了地方政府对PPP模式的热衷，由于面临财政压力，地方政府向社会资本开放基础设施建设市场的积极性较高。

表4.1　2000年至2022年上半年中国主要行业及子行业融资方案已完成的PPP项目投资情况

行业	子行业	PPP项目数量/个	总投资额/亿美元
能源	电力	393	365
	天然气	195	40
	行业合计	588	405
信息和通信	行业合计	3	74
交通运输	机场	15	31
	铁路	26	333
	公路	209	803
	港口	56	129
	行业合计	306	1 296
供水和污水处理	行业合计	629	248

资料来源：世界银行PPI项目数据库。

此外，不同行业采用的 PPP 具体模式也不尽相同。如在水利部门，由于收取的污水处理费用无法覆盖设备成本，而供水领域的收费则能为投资者带来较为合理的回报，因此中国大部分供水设备的建设费用是由供水公司向用户直接收取的，而地方政府通常以 BOT 和 TOT（移交—经营—移交）的方式采购污水处理设备。收费公路项目则多采用 BOT 方式进行，私人投资者能够直接向过路人收取费用，这种使用者付费模式意味着中国的收费公路需要承担交通流量的风险，最终的风险取决于收费金额。在铁路运输领域，现有法律框架下有两种模式，包括前补偿模式（SBOT）和后补偿模式（BSOT）等。城市生活垃圾处理由于较大依赖于政府的财政投入，私人投资者通常以 BOT 的方式参与项目建设投资，而项目公司的有关费用是向地方政府而非最终用户收取。

三、PPP 市场投资主体呈现多元化趋势

改革开放以来，中国 PPP 市场投资主体已经形成了多种所有制共同发展的格局。目前，PPP 市场上社会资本主要由三类参与方构成，即国有企业、国内私人企业和外资企业。中国 PPP 市场发展初期，外资企业成为 PPP 市场的主要参与者，尽管当时其参与 PPP 项目建设的溢价较高并且更偏好参与国内相对发达地区的项目建设，但外资企业在为项目建设带来资金的同时，也推动了项目管理和运营效率的提高，促进了当时 PPP 市场的发展。在 PPP 市场发展的第二次繁荣时期，国有企业成为社会资本合作方中的主角，虽然国有企业与政府联系十分紧密，具备克服政策性风险的能力较强、融资渠道较广等优势，但是由于国有企业在管理和运营方面的效率相对较低，弱化了采用 PPP 模式的优势。目前，国有企业和国有控股企业在大部分基础设施建设领域依然占据了 PPP 市场的绝大部分份额。而国内私人企业和外资企业则在供水、收费公路等具有比较稳定且可预见的收入流的领域较为活跃。从社会资本合作方类型来看，如财政部公布的前三批 PPP 示范项目包括 333 个独家社会资本项目和 264 个联合体项目。签约社会资本共 981 家，包括国有 569 家、民营 340 家、港澳台资 27 家、外商 16 家，另外还有类型不易辨别的其他 29 家，外商和港澳台企业占比仅为 4.4%。不同行业中各类投资主体也存

在竞争差异，如市政工程、环境保护等 PPP 模式应用历史相对较长的行业，潜在投标方主要以资本为核心进行竞争，但由于技术优势和壁垒尚未形成，因此投标竞争较为激烈，低价恶意竞争现象时有发生。然而，在一些较为复杂的行业领域，如片区开发、轨道交通等，因其具有较大的投资规模且运营经验要求较为严格，充分竞争格局还没有形成，以往参与过此领域施工、工程总承包的建筑类国有企业以及在该领域具有较多运营和维护经验的国有企业组成的联合体构成了潜在的投标方。

四、中国 PPP 市场已经一定程度地对外开放

中国 PPP 模式的驱动力包括以下几个方面：一是缓解公共部门预算压力；二是为公共基础设施建设和公共服务供给提供一种解决方案；三是削减公共资金在投资领域的支出；四是覆盖最终的服务成本；五是降低基础设施建设或公共服务项目的总成本；六是节约开发项目的时间；七是降低公共部门对项目的管理成本；八是保障地方经济发展的利益。中国采用 PPP 模式的驱动力大部分与经济相关，正是由于 PPP 模式有利于基础设施和公共服务供给，中国政府一直保持一定的对民营企业和外资企业参与基础设施发展和公共服务提供的开放态度。中国 PPP 市场自建立以来一直处于一定程度的对外开放之中，PPP 市场在发展的不同阶段都有外资企业参与国内基础设施项目的建设和运营。随着区域经贸合作提速升级、中国推进高水平对外开放，外资在为中国 PPP 市场带来增量资金和先进管理、技术的同时，也有利于推动中国 PPP 市场向更高质量发展。

第四节　外资在中国 PPP 市场的发展

改革开放后，中国基础设施建设经历了三个阶段：一是 1978 年至 1989 年的初始发展阶段；二是 1990 年至 2002 年的快速发展阶段；三是 2003 年至今的稳定发展阶段。由于基础设施领域占据了 PPP 市场的主要份额，

因此外资在中国 PPP 市场中的发展历程与中国基础设施建设的发展紧密相关。①

一、外资在中国 PPP 市场中的发展历程

PPP 在中国发展已经 40 余年，PPP 模式发展历程的各个阶段都有外资企业的参与。然而，不同阶段外资企业在中国 PPP 市场的参与度不尽相同。

20 世纪 80 年代到 90 年代初期的改革开放最初阶段，中国急需公路、港口、发电等基础设施以及大规模的政府资金投入。1982 年至 1989 年期间，中国政府投入 2 927 亿元人民币用以建设 261 个公共交通及能源等领域的基础设施项目。为吸引外商投资，中国出台了相关政策，一批境外资金进入中国经济建设的各个领域，其中部分外资企业以 BOT 方式参与了以电力、供水、交通行业为代表的基础设施项目。

1994 年，在通过税收制度改革改善国内市场投资环境的同时，引入外资政策的变化尤为显著，例如，在基础设施建设领域改变过去对外资进行限制的做法，开始引导外资直接投资于基础设施领域，外资企业参与国内 PPP 项目的规模进一步扩大。其中，广西来宾 B 电厂和四川成都自来水六厂是当时外资参与国内 PPP 项目的典型，两个项目公司的投资方均为外资企业。作为当时第一个 BOT 规范化试点项目，广西来宾 B 电厂项目公司的注册资本为 1.54 亿美元，占项目总投资的 25%，由法国电力公司和阿尔斯通公司两家外资企业作为股东，分别占股 60% 和 40%，其余 75% 的项目总投资通过有限追索的项目贷款方式筹措。中国首个获得批准的城市供水基础设施 BOT 试点项目是成都自来水六厂，该项目由法国通用水务集团和日本丸红株式会社组成的投标联合体中标，两家外资企业出资组建项目公司，注册资本约 3 200 万美元，占项目总投资的 30%，其余 70% 的投资则由项目公司通过对外贷款方式解决。2002 年之前，外资企业作为中国 PPP 市场的主要社会资本对国民经济建设起到了重要作用。

① 阶段划分来源于国家统计局《中国统计年鉴 2008》。

2003 年至 2007 年期间，由于中国经济高速增长且放宽了非公有制资本市场准入限制，基础设施领域进一步对社会资本开放，大规模资本的投入弥补了基础设施项目投资的短板。PPP 实践不断取得新成果，社会资本开始进入 BOT、BT（建设—移交）等项目中。这一时期，国有企业、民营企业和外资企业都是市场参与者，但外资企业在其中占比较低。在外资参与的 PPP 项目中，具有代表性的是北京地铁四号线项目及国家体育场项目。作为中国第一个采用 PPP 模式运作的城市基础设施领域项目，北京地铁四号线首次尝试引进了外资，其中外资企业港铁公司与其他两家国内企业组建的特许经营公司占项目总投资的 30%，但港铁公司在项目总投资中占比仅为 14.7%。国家体育场是中国第一个采用 PPP 模式的公益性项目，由于引入外资企业能使项目公司享受税收优惠，因此国家体育场建设投资方引入了外资企业，但国安岳强有限公司（香港）、金州控股集团有限公司（美国）两家外资企业投资额仅占项目总投资的 4.83%。虽然外资的引入能够缓解政府投资压力，使投资、运营主体更加多元化，进而促进同业竞争，很好地提升了管理服务水平，推动了技术革新，但外资在 PPP 项目中的投资占比仍然较低，这两个项目是当时外资参与国内 PPP 市场的缩影。

2008 年至 2012 年期间，在国际金融危机背景下，中国推出了“四万亿”经济刺激政策。以投资拉动经济增长的扩大内需政策推动了基础设施的跨越式发展，但就社会资本参与基础设施投资而言，积极的财政政策具有明显的挤出效应，以往作为地方政府重要融资模式的 PPP 逐步被淡化。这一时期与政府合作的社会资本以国有企业为主，参与 PPP 项目的外资企业屈指可数。

2013 年以来，随着基础设施领域投融资体制改革步伐明显加快，中国开始大力推广 PPP 模式以缓解地方财政资金不足与基础设施建设需求增长的矛盾。PPP 重新成为中国转变政府职能、推进新型城镇化建设、深化财政体制改革的重要合作机制。2014 年，地方政府传统的融资平台和模式取消之后，PPP 成为地方政府提供公共产品和服务的主要融资方式。然而，尽管政府有关部门鼓励外资和民营资本发起设立以投资城市基础设施为主的产业投资基金，支持社会资本采取特许经营等形式进行城市基础设施投资、运营等，为 PPP 模式的发展创造了较好的政策环境，但 PPP 项目社会资本方构成仍然以国有企业为主，其承担的项目多集中于交通运输、市政工程等基础设施建设领域，而民营企业投资的 PPP 项目则更多集中在生态环保、文化等投资规模相对较小且易产生现金流的领域，外资企业在 PPP 项目中的参与度依然较低。

外资企业作为中国 PPP 市场主体之一，在 PPP 市场发展历程中各阶段的参与度不尽相同，具体参如表 4.2 所示。

表 4.2　　外资在中国 PPP 市场中的发展

时间	背景	外资情况
1980—1993 年	对外开放，吸引外资	主要社会资本
1994—2002 年	税制改革	主要社会资本
2003—2007 年	经济高速增长	参与度较低
2008—2012 年	国际金融危机，扩大内需	参与受限
2013 年至今	经济新常态，贸易投资自由化发展	参与度低，但开放趋势明显

资料来源：作者整理。

二、外资企业在中国 PPP 市场参与度较低的原因分析

尽管 PPP 在中国经济建设中展现出较强活力，但同时也显露出一些问题，如地方政府对 PPP 模式的期望过高、国有企业的参与度过高、项目实施的综合成本过高、PPP 的立法层次较低、政府的信用保障率低以及民资和外资的参与度较低等。其中，外资企业在中国 PPP 市场的参与度较低有其深层次的原因，尤其是制度根源。

（一）制度供给有待进一步完善

1. PPP 国内立法尚需健全

中国 PPP 法律体系缺乏完整性、一致性和连贯性，立法层次及效力较低，权威性有待提高，部门规范性文件和地方性行政法规较多且条文内容比较笼统，对项目具体操作的指导性有待提高，导致各地区在实际操作中存在不规范现象。2013 年以前，国务院及有关部门颁布实施了一些指导性文件、地方性法规及专营管理办法，但 PPP 制度框架尚未建立。2013 年，中央政府出台《中共中央关于全面深化改革若干重大问题的决定》，规定地方政府可采取发行债券等诸多方法对城市建设的融资渠道进行扩展，支持社会资本采用特许经营等模式进入城市基础设施投资、运营等项目。此后，针对多年来中国存在地方政府债务过多、财政金融风险过高以及长期以来公共产品和公共服务供给不足的问题，国务院、财政部、国家发展改革委等有关部门分别就推动政府和社会资本合作出台了一系列法规和部门规章，地方政府也出台了地方规范性文件，PPP 有关法律制度逐步完善，PPP 模式进入了快速推广阶段。其中，国务院出台的有关法规包括《国务院办公厅关于政府向社会力量购买服务的指导意见》（国办发〔2013〕96 号）、《国务院关于加强地方政府性债务管理的意见》（国发〔2014〕43 号）、《国务院关于深化预算管理制度改革的决定》（国发〔2014〕45 号）、《国务院关于创新重点领域投融资机制鼓励社会投资的指导意见》（国发〔2014〕60 号）、《国务院办公厅转发财政部发展改革委人民银行关于在公共服务领域推广政府和社会资本合作模式指导意见的通知》（国办发〔2015〕42 号）等。财政部将 PPP 称为“政府与社会资本合作”并出台了一系列的相关法规和部门规章，分别就项目采购、竞争性磋商等采购方式、合同管理、项目操作、示范项目、地方债务等作出了相关规定。

其中，财政部规定将 PPP 项目采购纳入政府采购管理制度，采用结合了需求谈判和综合评分法的竞争性磋商方式选择社会资本合作机构。财政部会同有关行业主管部门发布的法规和部门规章如表 4.3 所示。

表 4.3　　财政部会同有关部门出台的 PPP 相关法规和部门规章

发布时间	文件名称	文号
2014 年 9 月	《财政部关于推广运用政府和社会资本合作模式有关问题的通知》	财金〔2014〕76 号
2014 年 10 月	《关于印发〈地方政府存量债务纳入预算管理清理甄别办法〉的通知》	财预〔2014〕351 号
2014 年 11 月	《财政部关于政府和社会资本合作示范项目实施有关问题的通知》》	财金〔2014〕112 号
2014 年 11 月	《财政部关于印发政府和社会资本合作模式操作指南（试行）的通知》	财金〔2014〕113 号
2014 年 12 月	《关于规范政府和社会资本合作合同管理工作的通知》（《PPP 项目合同指南（试行）》）	财金〔2014〕156 号
2014 年 12 月	《政府采购竞争性磋商采购方式管理暂行办法》	财金〔2014〕214 号
2014 年 12 月	《财政部关于印发〈政府和社会资本合作项目政府采购管理办法〉的通知》	财库〔2014〕215 号
2015 年 2 月	《财政部关于市政公用领域开展政府和社会资本合作项目推介工作的通知》	财建〔2015〕29 号
2015 年 4 月	《关于在收费公路领域推广运用政府和社会资本合作模式的实施意见》	财建〔2015〕111 号
2015 年 4 月	《政府和社会资本合作项目财政承受能力论证指引》	财金〔2015〕21 号
2015 年 12 月	《财政部关于实施政府和社会资本合作项目以奖代补政策的通知》	财金〔2015〕158 号
2015 年 12 月	《PPP 物有所值评价指引（试行）》	财金〔2015〕167 号
2016 年 5 月	《财政部关于进一步共同做好政府和社会资本合作（PPP）有关工作的通知》	财金〔2016〕32 号
2017 年 6 月	《关于深入推进农业领域政府和社会资本合作的实施意见》	财金〔2017〕50 号
2018 年 4 月	《关于进一步加强政府和社会资本合作（PPP）示范项目规范管理的通知》	财金〔2018〕54 号
2019 年 3 月	《财政部关于推进政府和社会资本合作规范发展的实施意见》	财金〔2019〕10 号
2019 年 11 月	关于征求《政府和社会资本合作模式操作指南（修订稿）》意见的函	财办金〔2019〕94 号
2022 年 11 月	《关于进一步推动政府和社会资本合作（PPP）规范发展、阳光运行的通知》	财金〔2022〕119 号

资料来源：中国政府网。

国家发展改革委将 PPP 称为“特许经营”，其会同有关行业主管部门出台了一系列 PPP 相关法规和部门规章（见表 4.4）。

表 4.4　国家发展改革委会同有关部门出台的 PPP 相关法规和部门规章

发布时间	文件名称	文号
2014 年 12 月	《国家发展改革委关于开展政府和社会资本合作的指导意见》	发改投资〔2014〕2724 号
2015 年 3 月	《国家发展改革委　国家开发银行关于推进开发性金融支持政府和社会资本合作有关工作的通知》	发改投资〔2015〕445 号
2015 年 4 月	《基础设施和公用事业特许经营管理办法》	2015 年第 25 号令
2016 年 8 月	《国家发展改革委关于切实做好传统基础设施领域政府和社会资本合作有关工作的通知》	发改投资〔2016〕1744 号
2016 年 10 月	《国家发展改革委　住房城乡建设部关于开展重大市政工程领域政府和社会资本合作（PPP）创新工作的通知》	发改投资〔2016〕2068 号
2016 年 10 月	《关于印发〈传统基础设施领域实施政府和社会资本合作项目工作导则〉的通知》	发改投资〔2016〕2231 号
2016 年 12 月	《国家发展改革委　中国证监会关于推进传统基础设施领域政府和社会资本合作（PPP）项目资产证券化相关工作的通知》	发改投资〔2016〕2698 号
2017 年 2 月	《国家发展改革委　住房城乡建设部关于进一步做好重大市政工程领域政府和社会资本合作（PPP）创新工作的通知》	发改投资〔2017〕328 号
2022 年 6 月	《关于做好盘活存量资产扩大有效投资有关工作的通知》	发改投资〔2022〕561 号

资料来源：中国政府网。

此外，交通运输、住房和城乡建设、卫生等的相关行业主管部门也针对本行业出台了推动政府和社会资本合作的有关规定。上述法规和部门规章的颁布实施虽然为 PPP 市场发展提供了基本制度框架，但部分 PPP 模式在推广过程中暴露的问题所涉及的法律关系较为复杂，仅依靠规章难以有效解决，现有的上位法如《中华人民共和国民法典》《政府采购法》《招标投标法》等，仅能规范 PPP 涉及的部分法律关系，针对性不强，亟须通过完善顶层设计、提升立法层级、健全PPP法律体系加以规范引导。

2. 部分行业对外商投资仍然有限制

改革开放以来，中国逐渐形成了庞大的外资法律体系，其特点主要是内外资双轨制，表现在两个方面：一方面，外商投资项目的市场准入比较严格，须经有关部门核准，外商投资企业的设立和变更也需审批；另一方面，内外资企业的设立、组织形式、经营管理等适用的法律不同。其中，涉及外商投资的有关法律法规及规章包括《中华人民共和国外商投资法》及其实施条例、《指导外商投资方向规定》（国务院令第346号）、《国务院关于鼓励外商投资的规定》（国发〔1986〕95号）、《国务院关于推进资本市场改革开放和稳定发展的若干意见》（国发〔2004〕3号）、《国务院关于扩大对外开放积极利用外资若干措施的通知》（国发〔2017〕5号）、《外商投资产业指导目录》、《外商投资项目核准和备案管理办法》（国家发展和改革委员会令2014年第12号）、《中西部地区外商投资优势产业目录（2017年修订）》（商务部令第33号）、《外商投资企业设立及变更备案管理暂行办法》（商务部令2016年第3号）等。在外商投资准入方面，长期以来中国对外商投资项目全部实行核准制，并以此进行市场准入、公共利益保障、经济安全维护、资本项目管理等，此外，还尝试健全外商投资行政管理制度，逐步放松某些管制，如将原先统一实行核准的外商投资项目中的绝大多数归为备案管理。截止到2022年，共取消和下放行政许可事项1 000多项，中央政府层面核准投资项目压减90%以上，工业产品生产许可证从60类减少到10类，工程建设项目全流程审批时间压缩到不超过120个工作日。

然而，基于国内经济发展及国家安全考量，部分关系社会公共利益和国家安全的领域仍然对外资有所保留。近年来，中国深入推进高水平对外开放，不断放宽外资准入。2017年至2020年，中国根据只减不增的原则，通过逐年修订《外商投资准入特别管理措施（负面清单）》和《自由贸易试验区外商投资准入特别管理措施（负面清单）》，进一步缩减外商投资准入负面清单，外资准入特别管理措施分别由93项、122项减至33项、30项，在金融、汽车等领域推出了一批重大开放举措，反映出中国对外商投资产业的引导方向和国家战略调整，体现了中国政府进一步向外商投资开放市场、优化中国产业结构的政策目标，开放政策更加宽松透明。对外国投资者来说，这也意味着新的投资机会和公平的竞争环境。尽管外商投资准入负面清单逐年缩减，但 PPP 项目涉及的部分行业仍然在最新的负面清单中被排除在外。如民用机场、核电站等基础设施的建设和经营等仍然有中方控股要求，降低了外资企业在这类 PPP 项目中的参与度。

3. 未明确外国投资安全的审查范围

《国务院办公厅关于建立外国投资者并购境内企业安全审查制度的通知》对外资并购安全审查的范围进行了明确，具体涵盖了对境内军工及军工配套企业，重点敏感军事设施周边企业，以及关系国防安全的其他单位的并购；对境内关系国家安全的重要农产品、能源和资源、重要基础设施、重要运输服务、关键技术、重大装备制造等企业的并购，且实际控制权可能被外国投资者取得。但是，这一规定对于审查范围的详细标准未作出任何说明，对何谓“重要”并未做出进一步解释，同时也没有列明具体的行业清单。由于 PPP 项目具有社会公共属性，主要集中在公共服务领域，尤其是轨道交通、市政设施、生态环保、清洁能源、健康养老服务等，大多为关系国计民生的重点工程，因此外资企业投资 PPP 项目可能涉及安全审查问题，但是目前法律并没有相应的明确要求，《基础设施和公用事业特许经营管理办法》只是明确了在选择特许经营者过程中需要与内外资准入等相关法律、行政法规等的要求相符合，对于国家安全审查制度是否适用于外资 PPP 项目，以及“重要基础设施”涉及哪些部门，均有待进一步明确。2020 年颁布的《中华人民共和国外商投资法》第 35 条明确规定：“国家建立外商投资安全审查制度，对影响或者可能影响国家安全的外商投资进行安全审查。”在法律层面进一步明确了外商投资安全审查制度，并确立了准入前国民待遇加负面清单管理等制度，积极促进外商投资，同时有效维护国家安全。《中华人民共和国外商投资法实施条例》也在第 40 条明确规定：“国家建立外商投资安全审查制度，对影响或者可能影响国家安全的外商投资进行安全审查。”2021 年开始实施的国家发展改革委、商务部联合发布的《外商投资安全审查办法》

（国家发展和改革委员会、商务部令第 37 号）系统地规定了外商投资安全审查制度，有效提高了外商投资安全审查工作机制的规范性、可操作性和透明性，在维护国家安全的同时，也兼顾了对外商投资合法权益的保护，以促进外商投资积极性。然而，外商投资安全审查仍然是导致外国投资者对中国监管措施的不确定性存在担忧的主要因素。

（二）PPP 项目落地率低且未来收益不确定

由于受到新冠疫情、政策环境、合作方目标差异、风险分担机制设计等方面的制约，以及 PPP 项目的退出机制不够完善和多元化，PPP 项目存在实施和落地难问题。如就项目进程而言，2022 年国家发展改革委 PPP 项目主要仍处于遴选阶段。截至 2021 年底，国家发展改革委 PPP 监测服务平台中，按项目所处阶段划分的情况如下：必要性和可行性论证阶段 1 646 项、总投资 2.6 万亿元人民币；实施方案审查阶段 1 147 项、总投资 1.2 万亿元人民币；社会资本方遴选阶段 3 191 项、总投资 4.5 万亿元人民币；项目建设与运营阶段 1 826 项、总投资 2.8 万亿元人民币。此外，外资企业 PPP 项目参与度低还源于项目自身特点，尤其是 PPP 项目存在“融资难、融资贵”的资金约束问题。其原因在于 PPP 项目通常具有较大的资金规模需求，运营时间较长，但其投资回报率较低，此外大部分项目具有非证券化、非标准化特点，有效转让项目资产以及进行项目资本运作的难度较高，转移投资风险较为困难。因此，未来收益存在较大的不确定性导致项目对外资企业的吸引力相对不足。

（三）外资企业投标 PPP 项目门槛较高

出于对国有企业作为 PPP 项目社会资本合作方的偏好，部分地方政府在 PPP 项目社会资本合作方选择过程中设定了一些不合理的条件，如要求注册资本金达到一定金额、投标企业需要具备一定资质等。多种或过高的门槛排斥了许多包括外资企业在内的潜在投标人，降低了外资企业对国内 PPP 项目的投标意愿。同时，PPP 项目周期较长，存在施工和项目运营风险，且中国

PPP 项目多为政府主导，逆周期特征较为明显，地方政府更偏好与国企合作，这主要源于对国有资本的信任以及外资参与项目可能产生风险的规避，因此可能在社会资本选择中设定特定门槛，从而导致外资参与 PPP 项目较少。除此之外，从投资结构上看，民间投资的增长也在一定程度上挤占了外资在 PPP 市场的发展空间。

（四）PPP 项目价格机制不健全

尽管政府积极推动 PPP 项目，但外商投资多数仍在观望，其原因在于 PPP 项目价格机制仍不健全，还没有形成由市场供需决定的价格机制。PPP 项目价格形成机制体现了 PPP 项目相关主体间利益的风险分配。由政府和社会资本成立的 PPP 项目公司在维护公共利益并承担适当风险的前提下，应能够获取提供公共产品或服务的合理收益，从而促进 PPP 项目公司提高项目建设和运营管理水平，保证项目的可持续发展。中国 PPP 项目大多涉及公共服务，其大部分具有公益性质，相关价格调整涉及民生，因此仍然有部分领域的价格不完全由市场供需决定，社会资本尤其是外资企业参与时，议价空间较小，收益难以得到保障，无法调动外资企业参与项目投资的积极性。如以 BOT 方式引入社会资本的水务项目，由于水资源的价格形成机制尚不完善，且水价调整涉及民生，因而加大了项目现金流估算的难度，这也是影响外商投资国内 PPP 项目的重要因素。

（五）PPP 项目中外资利益与社会公共利益存在博弈

铁路、港口、水电厂、机场等行业通常具有公益性和自然垄断性特征，着眼于为社会公共利益提供保障，其基础设施建设也是 PPP 项目主要涉及的领域。但是，作为 PPP 项目商业主体之一的外资企业具有逐利性，因此以外资为代表的社会资本与政府间的博弈现实存在，这也是影响外资企业参与 PPP 项目的因素之一。PPP 模式下政府部门希望利用外资的技术、资金以及经营管理优势满足基础设施建设的需求，而外资企业则旨在通过竞争优势得到授权，并进一步取得他国国内市场份额，以此获得尽可能多的利益。不同的合作目标导致政府机构就价格、回报机制等问题和外资合作方的沟通协调，对外资 PPP 项目投资者的保护，以及对外资与社会公共利益关系的处理等方面的一系列行为都将影响外资企业在 PPP 项目中的决策和参与度。

第五章
结论与政策建议

第一节　PPP 市场对外开放对经济发展和制度改革具有推动作用

中国政府正在推进新一轮高水平对外开放。面对国际经济合作和竞争格局的深刻变化，作为对外开放的重要内容，中国利用外商投资的具体政策正在向吸引更多外资、放开更宽领域方向变化，其中，对外资实行准入前国民待遇和负面清单的管理模式等措施将进一步推动更多外资参与中国 PPP 市场，进而健全有关领域制度安排，促进国民经济发展。

一、国民经济发展的实际需要

（一）带动产业转型升级，提升中国企业的国际竞争力

当前，在国际经济发展竞争日趋激烈的背景下，依赖于土地成本、人口红利及环境成本产生的“投资成本洼地”效应变得越来越弱，通过增加生产要素投入推动经济发展的做法已经不再适用，依托于人力资本、创新研发、技术发展等推动产业发展，实现由粗放型向集约型的转变将是大势所趋，其中利用外资不仅是扩大有效投资的一种方式，更是引进国外先进技术和管理经验，推进产业转型升级的重要途径，而 PPP 即是吸引外资进入国内市场的模式之一。

由于国内 PPP 项目主要集中在公共服务领域，大多为关系国计民生的重点工程，且部分具有比较稳定的投资回报，因此对外资具有一定的吸引力。

同时，与发达国家相比，中国在上述方面的公共设施投入存在明显不足，因此，通过 PPP 推进基础设施建设就显得尤为迫切。此外，国际资本多为发达国家的成熟投资者，其国内经济法规健全、政策透明度高，PPP 项目运作较为规范，随着 PPP 社会资本选择有关配套制度的不断完善，PPP 市场将成为吸引外资进入的重要领域，外资在为国内 PPP 项目解决融资问题的同时，也将带来国外先进的管理和运营经验，促进中国公共服务管理效率提升，实现合作共赢。与此同时，市场主体的多元化也有利于营造公平的市场环境。在进一步放宽市场准入，保证各类主体公平、公正、公开地参与市场竞争的条件下，鼓励非公有制企业参与国有企业改革，发展混合所有制经济，对于充分发挥国有企业的能动性和创造性，不断提升自身竞争力具有重要意义。

（二）有利于推动国企混合所有制改革

政府具有供给责任并且适合进行市场化运作的公共服务、基础设施类项目都适合采用 PPP 模式。正是由于 PPP 项目涉及领域多关系国家安全和国民经济发展，因此参与 PPP 项目的社会资本中国有企业占据了主导地位。而国有企业参与 PPP 模式，为国有企业混合所有制改革提供了落脚点。

作为国有企业改革的重要手段之一，混合所有制经济在中国的发展主要源于国有企业改革过程中对公有制经济同市场经济相结合形式和途径的探寻，其中外资企业便是中国重要的市场经济主体之一。中国政府在《关于国有企业发展混合所有制经济的意见》中明确规定了将有序吸收外资参与国有企业混合所有制改革。因此，混合所有制改革为外资企业投资或参股基础设施、公用事业、公共服务等领域的 PPP 项目提供了政策支持。与此同时，随着中国贸易投资自由化的进一步推进，政府干预、国有企业垄断以及准入限制的坚冰将被打破，尤其外商投资法的出台进一步推动外资企业以投资或参股的形式参与国内 PPP 项目，外资持股总额和比例将呈现上升趋势。在 PPP 市场扩大开放的背景下，外资在 PPP 项目中参与度的提升将进一步推动国有企业提高效率、控制发展规模，加快混合所有制改革进程，促进国民经济可持续发展。

（三）加快中国贸易投资自由化进程

中国实际利用外资的规模已经由 2001 年的 469 亿美元增加到 2022 年的 1 891 亿美元。中国服务类和制造类行业向外资的开放程度与部分发达国家相差无几。在中国着力推动贸易投资自由化深入发展、国内市场规模不断扩大的背景下，外资准入制度作为国家经济主权的重要内容，已成为中国和有关国家或地区贸易投资自由化谈判的焦点问题，尤其是以基础设施、公用事业和公共服务领域为代表的行业，一直在部分国际规制和贸易投资协定谈判中面临有关参加方的要价压力，同时由于这些行业领域也占据了中国 PPP 市场的主要份额，一直以来有关国家都期望通过制度安排进一步打开中国 PPP 市场的大门。在这一背景下，国内 PPP 领域一系列政策法规的出台将逐步提高中国 PPP 市场的成熟度，减少对外资的限制。

值得注意的是，虽然中国在国民经济发展的不同阶段对外资企业进入 PPP 领域的政策不尽相同，但利用市场准入、安全审查等手段对外资企业投资国内有关行业领域加以限制和禁止的政策一直延续。然而，随着国际谈判的深入，PPP 市场进一步对外资开放成为国民经济发展的深层次需求，尽管外资进入国内 PPP 市场将挤占国内社会资本部分市场份额，但就国民经济长远发展来看利大于弊。通过完善国内制度建设，逐步开放外资参与国内 PPP 项目，除了有利于推动国内企业提升竞争力外，更重要的是通过降低准入门槛进一步放开对国外企业投资国内 PPP 项目的限制，在通过主动开放释放出价压力的同时，也将加快有关谈判进程，推动中国更快实现区域贸易投资自由化的目标。此外，由于贸易投资自由化的影响范围不断扩大，主动地逐步开放 PPP 领域的外资准入，能够最大化降低贸易投资自由化对国内经济安全可能造成的消极影响，减少区域贸易投资自由化对国内产业造成的冲击，为国民经济发展奠定良好基础。

二、以开放推动制度改革的必经之路

在中国政府推动公共服务购买社会化，以及党的二十大报告强调“中国坚持对外开放的基本国策”、中央经济工作会议进一步提出“更大力度吸引和利用外资”的背景下，外资在中国 PPP 市场中的空间将进一步拓展。同时，外商投资条件的放宽也将推动国内相关制度的改革，以及构建更加开放、公平、非歧视的政策体系，将对国内外各类资本的相互融合、优势互补等产生深远影响。

（一）推动国内立法完善

在 PPP 领域立法方面，PPP 模式对社会资本参与基础设施、公共服务领域投资建设具有积极的推动作用，有利于打破部分限制，提升企业参与公共服务供给的积极性以及中小企业在市场中的参与度，扩展社会资本的发展领域，因此 PPP 在各地实践中已展现出较强活力，但也暴露出一些问题，如政策衔接配套不足、社会资本参与度不高、操作执行不规范等。

随着中国与相关国家或地区贸易投资协定的陆续签署，市场准入门槛的降低将促进外资企业更多地参与到 PPP 项目中，同时也会有更多新的问题凸现出来。虽然国内投资、招标投标和政府采购等领域的相关法律法规对外商参与 PPP 市场活动进行了规制，但是目前规范 PPP 的法律法规针对性不强，尤其是外商投资 PPP 项目的制度安排有待完善，对 PPP 项目中的外商投资在风险管理、权责认证、激励监管、外资退出、争议解决、信息披露等方面的制度安排仍存在缺位，PPP 相关立法在界定调整对象时，既要总结已有的实践领域，也应当充分考虑适应未来发展需要并结合国际协定的相关要求对现有法律法规进行梳理，健全制度体系。

贸易投资自由化对中国完善法律体系、保障外国投资者的利益、规范 PPP 项目中政府和外资的责权利关系、与外资建立“利益共享、风险共担”的合作关系等方面提出了更高的要求，而贸易投资协定谈判期间也正是中国完善国内 PPP 市场开放相关制度、改善投资环境的时间窗口。引入外国投资者参与国内 PPP 项目将加快推进相关立法，填补政府和社会资本合作领域的立法空白，推动各市场主体在 PPP 法律框架下更好地实现物有所值原则，促进基础设施建设与公共服务的完善。

在投资领域立法方面，随着外资企业在 PPP 领域活动的增多，外资 PPP 项目的投资争议也将增多，如何按照国际规制与国内法律规定妥善解决外资在 PPP 项目中的投资争议，将成为中国政府有关部门无法回避的现实问题。在开放外资参与国内 PPP 项目的背景下，国际规制的相关争议解决条款将成为国内投资法律调整的依据。根据国际组织和有关国家或地区的经验和做法，特许经营合同纠纷是外资 PPP 项目争议的焦点，政府机构、项目投资方两大主体所订立的法律文件即为特许经营合同，对这一类项目的关键法律关系予以约定。特许经营合同包括平等交易、监管与被监管等内容，若存在合同争议，政府主管机构可能成为行政诉讼的对象，若无法对此作出妥善处理，政府主管机构还可能成为国际投资仲裁的被申请方。随着外资参与的国内 PPP 项目数量的增长，这类国际投资仲裁也将增多，因此需要从国内投资立法角度加以完善，通过制度先行，为进一步开放国内市场奠定基础。

《中华人民共和国外商投资法》已经出台，这是贸易投资自由化深入发展下的一部重要法律，有利于推动外资参与国内 PPP 项目。需要根据这部法律，进一步清理、修订 PPP 领域内大量与外资相关的行政法规、部门规章和规范性文件，健全 PPP 法律体系，为外国投资者提供更多投资便利条件，提升政府部门监管和治理能力，创造更好的投资环境。

在政府采购立法方面，由于中国已经将 PPP 项目社会资本合作方的选择纳入政府采购管理制度，因此作为政府采购领域的国际规制，GPA 将对外资企业参与国内 PPP 项目产生深远影响。当前，中国还没有正式加入 GPA，但实际上国外供应商早已进入中国 PPP 市场。若未来中国将 PPP 纳入 GPA 出价，随着政府采购市场开放，PPP 项目也将吸引更多的外资投标，并挤占国内社会资本的市场份额，这就需要通过有关产业政策对国内市场主体给予扶持和引导。

虽然中国在 PPP 和政府采购领域出台了一系列相关法律规定，但这些政策仍无法满足未来全面开放外资机构进入国内 PPP 市场的需求。GPA 谈判的不断深入将加快中国政府采购法律制度与国际接轨，加入 GPA 谈判的结果也将转化为国内法律法规，推动国内政府采购法律体系进一步完善，其中《政府采购法》和《招标投标法》两部上位法的协调，以及各职能部门权限的界定仍然是未来完善中国政府采购制度的重点。

此外，区域贸易投资协定中有关政府采购和投资的规定对开放中国 PPP 项目社会资本合作方选择的影响亦值得关注，如部分区域贸易投资协定在政府采购、环境保护、知识产权、劳工权益等领域的高标准要求，虽然将给发展中国家带来一定的冲击和挑战，但从长远来看，不仅为相关领域的改革提供了方向，也将影响中国与其他国家或地区之间的区域贸易投资安排，以及国内政府采购制度改革。

（二）贸易投资自由化背景下提高政府治理能力、转变政府职能的需要

虽然政府部门针对 PPP 项目颁布了一系列政策规定，但在执行层面，地方政府仍存在落实不到位等情况，加大了包括外资在内的社会资本的投资风险。PPP 项目大多运营期限长并且具有较强的专业性，同时大部分具有公共服务属性，与政府连接紧密，在 PPP 项目中，政府既是合作方又是监管方。从社会治理的角度来看，政府推广 PPP 的出发点除了利用其融资功能，还有与社会资本建立长期稳定的合作关系，以推动行政管理体制改革，创新公共服务供给机制，促进社会、经济、环境的和谐发展，实现“物有所值”的目的。

外资企业参与国内 PPP 项目后，其有关经济活动将涉及国内国外两个方面，同时也受到国内和国际有关法律规则的制约，因此进一步开放外资进入 PPP 项目是更好实现政府职能转变、提高公共服务的效率与质量的需要。在贸易投资自由化背景下，基于 PPP 项目中政府和外资法律地位的平等和权利义务的对等要求，充分利用 PPP 的融资功能不再是主要目标，如何提升政府治理水平、完善服务理念、建立起完善的行政监管程序以及有效的外部监督机制、保护 PPP 项目各参与方的合法权益、推动 PPP 进入法治化轨道等问题都对中国政府提出了挑战。

第二节 中国 PPP 市场进一步对外开放的模式选择

与中国对外开放历程一样，中国 PPP 市场的进一步对外开放不可能一蹴而就，中国应选择适合国情的 PPP 市场开放模式。根据典型国家 PPP 市场开放经验、中国与有关国家或地区贸易投资谈判进程，以及国民经济和 PPP 市场发展情况，本书认为中国 PPP 市场应采用分阶段、渐进式的对外开放模式。

一、从开放成本角度

新制度安排往往建立在创新的预期收益大于预期成本的基础上，因此减少制度变迁的成本是促进制度转型的重要途径，改革成本与利益分配直接相关。由于渐进式改革对社会各主体利益分配格局进行了有序且渐进的调整，因此是成本最小化的优先选择。这是因为，虽然渐进式改革可能存在两种体制在较长时期内并存的情况，新旧制度之间不协调的地方将比较多，因此完成整个制度变迁需要多回合的摩擦，实施改革的交易成本也比较大，然而由于渐进式改革只是局部地、分阶段地对社会资源进行再分配，在剥夺某些社会集团利益的同时，制度变迁也将带给其原本意外的收入，而由于新制度安排造成的冲击和负面影响可以由这些意外的收入给予部分或全部补偿，因此改革过程受到的反对和抵触也较少。因此，鉴于 PPP 项目特点，渐进地扩大 PPP 市场开放有利于维护国民经济稳定、可持续发展。

二、从国际经验角度

为避免对国内市场主体的冲击以及关系国家安全领域的开放对国家利益的影响，无论是发达国家还是发展中国家，对 PPP 市场都采取了有限制的开放模式，其区别在于开放程度和开放行业的不同。英国、加拿大等 PPP 市场较为成熟的发达国家，以市场为导向，对外资实行较为开放的准入制度，限制的行业和措施较少。一些国家遵守的是“法无禁止即可行”这一准则，实施准入前国民待遇及负面清单模式，对多数外国资本、部分行业的投资监管政策比较宽松，外资、本国资本享有的待遇一致，但须注意，这些国家也会不同程度地对涉及国家安全的领域实行有限度的开放，对 PPP 市场外资准入的过程也是逐步推进的，渐进式、分步骤是多数发达国家实施的开放方案。例如，最近几年德国逐渐对境外投资机构开放基础设施、水电供应、医药等领域；意大利则积极进行改革，推动通信、铁路、能源等领域准入限制逐步得到缩减。而部分国家并未设立外国投资准入审查、负面清单等管理制度，例如“无障碍亦无特殊优待”是英国一贯遵守的准则，外国投资机构享有准入前国民待遇，但同时也要求外国投资机构需要事先获得批准，才能投资于与国家安全相关的敏感领域，如媒体、金融及能源等行业。从新兴市场来看，大多数国家和地区对外资进入其 PPP 市场都有一定限制。

三、从经贸合作角度

中国渐进式地推动 PPP 市场对外开放是由 PPP 市场的特殊性及与中国有关的区域经贸合作谈判进程决定的。虽然中国 PPP 市场规模已位居世界前列，但历史积累的问题较多，PPP 市场相关制度体系有待完善，距离建立全国统一规范、公开透明的 PPP 大市场还有很长的路要走，很难在较短时间内完全与国际市场接轨。实际上，中国在与其他国家或地区开展经贸合作谈判的过程中，PPP 市场涉及的部分行业部门已经向外资企业开放，目前参与的投资谈判及政府采购市场开放谈判也以分阶段、渐进式为原则，即在推动贸易投资自由化和便利化的基础上，优先开放中国具有一定竞争优势且较为成熟的产业，而对于关系国家安全或尚不完全具备国际竞争力的产业有所保留，分阶段、渐进式扩大出价范围，因此现阶段中国 PPP 市场选择渐进式、有限制的开放模式较为合适。

四、从现实国情角度

PPP 市场扩大对外开放要从中国的现实国情出发。中国虽然具有庞大的基础设施和公共服务项目规模，并且过去几十年在 PPP 项目引入外资方面已经有所践行，但是中国的 PPP 市场与拥有发育较为成熟的 PPP 市场的发达国家相比仍然有很大差距，中国 PPP 市场不仅发展时间较短，同时还处于转轨时期，区域经贸合作的快速发展以及国内国有企业改革的推进使得中国 PPP 市场也处于不断健全和完善的过程之中，因此中国 PPP 市场的对外开放应更为谨慎。一方面，应与中国 PPP 市场已形成的对外开放路径一致。对外开放以来，中国 PPP 市场一直遵循渐进式的开放模式，在鼓励外资企业积极参与 PPP 项目建设运营的同时，通过《外商投资产业指导目录》和负面清单管理模式对外资进入领域设置一定的限制门槛，将市场的对外开放程度维持在可控范围内。在目前世界经济复苏缓慢、中国经济增长速度有所回落的背景下，为保证国内市场的适度竞争及国家安全，未来中国 PPP 市场的对外开放应保持政策的连续性和稳定性，这不仅有利于国内市场主体的发展，也为外资参与 PPP 市场活动建立了积极、稳定的政策预期和市场环境。另一方面，中国 PPP 市场采取分阶段、渐进式、有限制的对外开放模式，能够最大化地规避外资企业大规模进入 PPP 市场对国内社会资本造成的冲击。PPP 市场进一步对外开放的前提条件是 PPP 市场的成熟程度已经达到一定水平，中国并不具备足够抵御外部冲击的市场条件，需要稳妥地逐步实现对外开放。绝大部分国家实现市场全面开放之前都需要经历一个过渡期的准备，在过渡期内对国内 PPP 相关法律体系进行完善并与有关领域的改革相协调。因此，逐步推动国内 PPP 市场与国际接轨，为 PPP 市场未来高水平的对外开放奠定有利的经济、政治基础应是目前中国的最佳选择。

第三节　中国 PPP 市场进一步对外开放的实施策略

中国 PPP 市场进一步对外开放是伴随着 PPP 制度变迁进行的，制度变迁的高成本导致其存在一定的风险性与不确定性，根据本书分析，中国 PPP 市场在制度建设、市场主体竞争力、市场准入等方面与其他国家的 PPP 市场存在一定差距。中国 PPP 市场尽管发展时间较短，但规模庞大，市场主体多元，存在诸多问题，因此中国 PPP 市场成为完善、成熟的市场还有相当长的路要走，应慎重选择 PPP 市场进一步对外开放的实施策略。具体的实施策略是，在以 GPA 为代表的国际规制谈判以及区域经贸投资协定谈判中，继续将部分关键领域的基础设施排除在出价范围之外，尽量减缓 PPP 市场有关行业领域的出价进程，以保证国内社会资本的市场份额，并在推动国内混合所有制改革的基础上，为 PPP 市场主体在部分领域全面融入国际竞争环境争取过渡期，从而保障国民经济的健康、可持续发展。

一、保持适当的市场开放速度

在区域经贸合作谈判不断推进、WTO《政府采购协议》出价范围逐步扩大的背景下，应以现有的 PPP 市场运行机制为基础，将 PPP 市场进一步对外开放的进程置于区域经贸整合的开放过程之中，尽量避免在 PPP 市场扩大对外开放过程中产生摩擦，同时在保持适当开放速度的基础上，通过促进外资机构对国内市场的有效参与，促进国内经济的组织、技术、管理创新，推动建立良好的市场秩序和竞争环境，从而实现国民经济良性循环、市场成熟度提高的目标。通过借鉴部分国家或地区 PPP 市场开放的经验，以及对中国 PPP 市场特点的分析，本书认为由于中国 PPP 市场尚未成熟，健全制度、提升国内市场主体竞争力仍然需要时间，同时 PPP 市场的开放还涉及国计民生和国家安全等重要领域，中国 PPP 市场全面对外开放无法在短时间内实现。中国 PPP 市场开放选取适当的开放速度和模式是维护国内经济秩序稳定、保障国家安全和社会利益的基础，应选择在可承受的风险范围内有过渡地、安全地推进 PPP 市场开放，即 PPP 市场逐步扩大开放需要经历一个长期的过程。

二、为未来的市场开放谈判预留让渡空间

未来如果面临要价压力，可考虑采用分阶段的出价方式，适当将负面清单中允许民资以特许经营参与的领域纳入出价范围，但仍然应对外资进入的比例加以要求，这些向外资开放的领域也可作为未来谈判的可让渡部分。尤其在以中国为主导的区域经贸合作谈判和对外开放战略中，对行业和实体出

价进行一定程度的必要让渡，有利于谈判进程的顺利推进以及区域经贸合作的进一步强化，也有利于为中国企业“走出去”拓展更为广阔的国际市场空间。虽然负面清单中规定重要通信基础设施、枢纽型交通基础设施、水利等领域可以对民间资本放开，但是对于外资进入这些领域，仍然需要依照有关国际规制和区域经贸合作谈判的出价范围进行限制，如有关国家对相关领域并未要价或要价压力不大，则尽量暂缓这些领域的开放，避免外资进入对国家安全和市场主体的影响，并为国内市场主体提升国际竞争力争取过渡时间。同时，按照国际规制的“对等开放”原则，向未开放相关行业领域的有关国家或地区保留 PPP 市场有关行业对等开放的权利。同时，在未来一段时期内维持关系国民经济命脉的重要行业和关键领域以及主要承担重大专项任务的商业类国有企业的开放程度不变，并根据国际规制谈判进程以及国内市场发育状况，对开放范围和标准进行动态调整。部分关键领域，如关系国家战略安全和涉及国家核心机密的行业，应继续实行国有独资或绝对控股，这也是主要 PPP 市场国家的普遍做法。对于在国有企业混合所有制改革过程中允许非国有资本进入的领域，也应对外资持股比例进行一定程度的限制。

三、与全球和区域经贸整合方式相协调

PPP 市场进一步对外开放模式还应与全球和区域经贸整合方式相协调。以 WTO、GPA 对全球经贸以及 RCEP 对区域经贸的整合方式为例，过去几十年，WTO 从最初关贸总协定时期的 23 个缔约方发展到现在 165 个成员方，涉及的议题也从货物关税扩大到非关税措施，从货物贸易扩大到服务贸易、知识产权、与贸易相关的投资措施等，各成员方的承诺范围不断扩大，推动了全球贸易秩序的变化。同时，GPA 参加方及其出价范围也经历了不断扩大的过程，截至 2022 年涵盖了 14 个参加方共 41 个国家和地区，各参加方通过多轮谈判逐步扩大了开放实体的范围和出价清单涵盖的内容，出价范围也经历了渐进扩大的过程，推动了国际政府采购市场的逐步整合和互联互通。在 RCEP 模式下的区域整合也是一个渐进的、不断扩大的过程，参加方数量、谈判议题涵盖范围和出价范围等逐步扩大，即最初的准入标准和目标较低，

但是随着多次协议的形成，其整合标准不断改进和提高，在这种区域整合方式下，参加的成员不断增加，谈判的议题不断增多，承诺的水平不断提高。由此，PPP 市场进一步对外开放不能脱离经济全球化和区域经济一体化的国际背景，从历史经验和绩效来看，采取的开放策略应与全球和区域经贸整合方式趋同，从经济学角度来看，由于渐进开放的方式符合国内产业和市场主体竞争力的培育，也有利于政府的政策调整以及应对。因此，采用渐进的、分阶段的方式开放中国 PPP 市场是现实需要，也是最佳选择。

综上，现阶段中国 PPP 市场开放领域应主要维持在已经开放的行业部门，并在未来双边或多边投资协定和国际规制谈判中，渐进式地扩大开放范围。中国 PPP 市场的开放水平应取决于中国 PPP 市场的成熟度、国有企业改革的进程、社会经济的发展水平以及良好的国际经济环境等多方面因素的相互协调。

第四节　中国 PPP 市场进一步对外开放的政策建议

国内外经济、政治环境的不断变化为中国 PPP 市场进一步对外开放带来了一定程度的不确定性，因此，在经济全球化和区域经济一体化深入发展的背景下，一方面要在借鉴国际经验的基础上，通过国内混合所有制改革发展和完善 PPP 市场，另一方面要将 PPP 市场的对外开放进程与国际和区域经贸合作谈判相协调，对 PPP 市场对外开放保持一定的控制力，尤其是部分关系国计民生的基础设施项目和公共服务项目对外资可予以一定的保留，并根据贸易投资谈判及有关国际规制设置一定的过渡期限和远期目标，实行渐进式的开放战略。

一、加快 PPP 项目采购制度与国际接轨

虽然中国 PPP 和政府采购领域出台了一系列法律规定，但仍无法满足未来进一步开放外资机构进入国内 PPP 市场的需求。双边和多边经贸谈判的不

断推进将加快中国相关制度安排与国际接轨，包括加强外商投资 PPP 项目方面法律法规的针对性，完善补充外资参与 PPP 项目的风险管理、权责认证、激励监管、外资退出、争议解决和信息披露等方面的制度空白；应根据《中华人民共和国外商投资法》有关规定加快清理、修订 PPP 领域内与外资相关的行政法规、部门规章、地方性法规和规范性文件等；借鉴区域贸易投资协定的有关高标准制度安排，调整国内相关法律，将其作为完善国内 PPP 项目选择社会资本合作方有关制度建设的方向等。

双边投资协定升级谈判可能将给国内市场主体带来一定的冲击和挑战，但从长远来看，不仅有利于推动国内有关制度改革，也将影响中国与其他国家或地区之间的区域贸易投资安排，有利于中国加入这类贸易投资协定谈判的顺利开展。GPA 推动的政府采购市场国际化要求中国政府采购法律制度与国际接轨，并推动《政府采购法》和《招标投标法》两部上位法相协调，因此明晰各职能部门权限的界定仍然是未来完善中国政府采购制度安排的重点。

由于中国政府采购制度的修订或补充将直接影响外商投资中国 PPP 项目的准入门槛，以及外资机构进入中国 PPP 市场竞标有关项目的难易程度，因此应密切关注中国政府采购制度与国际采购规则逐步接轨后可能发生的变化，并结合 PPP 项目具体采购实践，健全有关管理制度。此外，区域贸易投资协定中有关政府采购和投资的规定对开放中国 PPP 项目社会资本合作方选择的影响亦值得关注，如部分区域贸易投资协定在政府采购、环境保护、知识产权、劳工权益等领域的高标准要求，为发展中国家相关领域的改革提供了方向。同时，还应以 APEC、“一带一路”倡议和 RCEP 等国际规制为依托，通过政府支持和推动，协调、对接公共服务、基础设施等领域的建设投资规划、制度安排等，建立、健全对基础设施互联互通有积极作用的共享合作机制。

从全球经验来看，基础设施、公共服务等的 PPP 项目能否成功实施，企业参与的积极性将发挥关键性作用。全球基础设施和公共服务领域快速发展，其中涉及的参与主体范围较广，包含了大量专业的国际化企业，将进一步提升全世界范围内投资机构、企业在基础设施 PPP 项目建设、运营中的参与度。以“一带一路”倡议为例，尽管此倡议的目的在于推动国家或地区之间的合作，但是良好的投融资环境，健全的市场规则、运营规范及标准是沿线国家政府促进基础设施互联互通、确保未来长时间运营的前提条件，应强化在运行管理、标准制定、监督管理等领域的合作，构建互动协同、一体化的管理协调体系。

二、通过负面清单推动渐进式开放

部分 PPP 项目涉及国家安全及公共利益，应对外资渐进开放，尤其若中国加入 GPA，国内市场将面临更为复杂的国际竞争形势，需提前布局、积极应对，在 GPA 谈判中为国内 PPP 市场主体争取过渡期。目前，中国在加入 GPA 的谈判过程中尚未就 PPP 领域出价，但按照 GPA 对等开放的原则，中国未来可能面临欧盟、日本、韩国等该领域有关出价方的要价。为维护国内有关市场主体的利益，扶持行业健康发展，保护国家安全，部分 PPP 项目需暂时对外资有所保留，面对各 GPA 参加方的要价压力，中国应坚守发展中国家地位，利用发展中国家的有关优惠政策进行过渡。同时，在对各部门竞争力进行深入研究分析的基础上，确定中国与贸易伙伴相比具有比较优势的产品和行业以及需要扶持的产业，考虑对重要及敏感程度不同的行业采取不同的例外规定，分阶段、分行业开放 PPP 领域的外资准入，将 PPP 项目中纳入政府采购的重要基础设施通过 GPA 的例外规定排除在出价之外。GPA 尚未对国家安全、公共道德与秩序等进行明确界定，这为 GPA 参加方规避义务预留了空间，中国可加以合理利用。

此外，虽然中国还没有正式加入 GPA，但实际上国外供应商早已作为社会资本合作方参与国内 PPP 项目。PPP 市场的进一步开放将源于负面清单、准入前国民待遇这一管理模式建立的坚实可靠的制度基础。准入前国民待遇要求除经谈判保留的限制领域之外，PPP 市场在准入环节就要对外资和国内企业一视同仁。外资企业在负面清单涉及的领域中无法享受国民待遇，负面清单对外资进入相关领域将加以限制甚至完全禁止；而在负面清单未涵盖的行业领域中，外资企业将享受与本土企业同等的国民待遇，也没有相关的准入限制条件，对外资开放多数领域及行业将是未来趋势。相关数据显示，全球有越来越多的国家将准入前国民待遇加负面清单的管理模式纳入国际投资协定和有关谈判，其中发展中国家占到75%以上，全球3/5的GDP是接受负面清单模式的国家创造的，这些国家的对外投资额占全球对外投资总额的一半。

在利用负面清单保留制定例外的权利对国内可能遭受冲击的PPP相关产业进行保护和扶持的同时，我们应以发展的视角看待PPP市场向外资开放的问题，尤其是对市场未来开放可能涉及的领域进行前瞻性制度安排，若未来中国将PPP纳入GPA出价，随着政府采购市场开放，PPP项目也将吸引更多的外资投标，并挤占国内社会资本的市场份额，这就需要通过有关产业政策对国内市场主体给予扶持和引导。因此，中国在加入GPA以及区域贸易投资谈判时，应充分考虑外资投标国内PPP项目对国内投标方以及国民经济发展的潜在影响，可通过负面清单明确列出中国政府采购领域禁止或限制外国供应商进入的行业，如国防、军事、核电等涉及国家安全或公共利益的领域，以确保这些领域的采购来源于国内企业，并根据国内PPP市场发展情况实行负面清单的动态优化管理。

三、利用国际规制谈判对国内产业进行适度保护

中国PPP市场既要遵循渐进式、有限制的保护性开放策略，避免对外开放过快带来的冲击，又要结合GPA及区域贸易投资协定谈判的具体情况，主动扩大对外开放范围，释放谈判出价压力。中国应该把握好谈判节奏，从维护本国经济社会健康、可持续发展角度出发，采取适度的保护性策略，延缓部分行业领域的开放进程，同时积极引导和鼓励外商投资高新技术产业、绿色环保产业、现代服务业，弥补中国部分领域产品和服务有效供给不足的短板，由于PPP项目多涉及上述产业，因此通过PPP项目扩大外资引进能够将这一政策思路更好地落地。随着中国对外开放水平的不断提升，国外供应商早已进入中国PPP市场。可考虑利用负面清单保留制定例外的权利，对国内

可能遭受冲击的PPP相关产业进行保护，通过有关产业政策对国内市场主体给予扶持和引导。值得注意的是，美国在负面清单中列举了关键基础设施、重要技术、国家安全三项，但对其未作定义，这种隐蔽性限制增加了中国企业在美国投资的不确定性，但其模糊设置壁垒的方式也适用于中国的市场开放。

中国加入 GPA 以及双边投资协定升级谈判为进一步开放外资参与国内PPP 项目的有关政策环境带来了不确定性。根据加入世界贸易组织的承诺，中国正在进行加入 GPA 的谈判，由于中国已将 PPP 项目社会资本合作方的选择纳入政府采购管理制度，加入 GPA 后，随着国内政府采购市场的对外开放，PPP 项目将迎来更多的外国资本参与投标，这将倒逼国内相关制度与国际逐步接轨，并将推动中国进一步减少 PPP 项目外资准入的限制性措施。因此，国内现有的制度安排也应根据项目和市场需求进行调整和完善，且相关的制度建设任重道远。健全的法律制度将为各方合法权益提供保护，有利于 PPP项目的顺利实施，保障各项公共服务的有效供给，虽然目前立法仍待健全，但各级政府在引进外资参与 PPP 项目时，需要以法治、契约精神为准则，强化监管和市场规范。

此外，为释放谈判出价压力，中国可主动适度扩大对外开放范围。在中国推动贸易投资自由化深入发展、国内市场规模不断扩大的背景下，外商投资准入制度作为国家经济主权的重要内容，已成为中国和有关国家或地区贸易投资自由化谈判的焦点问题，特别是以基础设施和公共服务领域为代表的行业面临有关参加方的要价压力。同时，由于这些行业领域也占据了中国 PPP 市场的主要份额，一直以来有关国家都期望通过贸易投资协定的制度安排进一步打开中国 PPP 市场大门。在这一背景下，国内 PPP 领域一系列政策法规的出台将逐步提高中国 PPP 市场的成熟度，减少对外资的限制，而贸易投资自由化的快速推进也将使中国 PPP 市场开放的速度超出预期。通过完善国内制度建设，逐步开放外资参与国内 PPP 项目，除了推动国内企业提升竞争力外，更重要的是通过降低准入门槛、主动扩大对外开放范围，释放出价压力。这将有助于加快有关谈判进程，推动中国更快实现区域贸易投资自由化的目标，并最大化减少区域贸易投资自由化对国内产业造成的冲击以及对国家经济安全可能造成的消极影响，为国民经济发展奠定良好基础。

四、基于混合所有制改革提升市场主体竞争力

在国际竞争日趋激烈的背景下，推动产业发展由粗放型向集约型的转变将是大势所趋，国际资本多为发达国家的成熟投资者，其国内经济法规健全、政策透明度高、PPP 项目运作较为规范，因此引入这类外资参与国内 PPP 项目不仅是扩大有效投资的一种方式，更是引进国外先进技术和管理经验、推动产业转型升级的重要途径。国企混合所有制改革将进一步打破政府干预、国企垄断以及准入限制，为外资企业投资或参股基础设施、公用事业、公共服务等领域的 PPP 项目提供政策支持，不仅将提升外资在 PPP 项目中的参与度，还将进一步推动国有企业提高效率，对国内企业创新能力和竞争力的提升具有重要意义。

此外，值得注意的是，在 PPP 市场逐步扩大对外开放的过程中，还应注重对国内中小企业参与 PPP 项目实施政策倾斜。由于 PPP 项目具有投资金额较大、专业性较强、交易风险和成本较高等特点，对社会资本投标资质、财务担保等要求往往较高，从而提高了政府采购门槛，中小企业特别是小企业难以达到相应要求，因此大多是注册资本较高且实力较强的大企业或企业联合体参与 PPP 项目的竞标，中小企业在市场竞争方面仍处于弱势地位。中国通过政府采购扶持中小企业发展的法律制度尚需细化，导致 PPP 项目社会资本合作方选择的有关规制尚停留在技术操作层面，在开放外资进入 PPP 项目方面对国内中小企业的保护政策更是处于空白状态。因此，有必要在 PPP 项目社会资本合作方选择过程中给予国内中小企业一定的特殊待遇，并以法律法规的形式固化下来。如果未来中国政府在加入 GPA 谈判中因要价压力必须将 PPP 领域纳入出价范围，则应该坚持中小企业例外的出价立场。韩国和欧盟在选择 PPP 项目社会资本合作方时对国内中小企业扶持的规定及做法对中国具有借鉴意义，中国可以考虑在 GPA 出价中将 PPP 项目中一定比例的合同

金额预留给国内中小企业竞标，作为例外排除在出价清单之外，以保证本国中小企业在PPP领域的市场份额。鼓励中小企业与其他企业或分包商组成联合体参与国内PPP项目竞争，在PPP项目扩大利用外资规模的同时，形成政府在PPP市场对中小企业扶持政策的长效机制，推动其良性发展，进而激发经济活力。

五、通过价格机制调动外资参与PPP市场的积极性

中国PPP项目的价格机制尚不完善，部分PPP项目的价格并不是由市场决定。按照国际经验，市场对PPP项目价格的决定性作用在部分PPP项目上是可行的，能够通过市场价格机制获得足够的利润，但在部分项目上则存在效益问题。以交通运输项目为例，英国等部分国家的公共机构为提高私营企业的积极性，分时段对政策做出调整，如按照淡季和旺季对PPP项目提供不同标准的补贴。目前中国部分PPP项目价格的确定依然由政府主导，政府需要充分考虑政府、纳税人、企业及消费者等各方的利益诉求，还要兼顾公众需求和成本的可行性，通过项目收益让社会资本获取一定的利润，以提高企业参与的积极性，同时也不给纳税人造成负担。因此，进一步通过PPP模式提高包括外资企业在内的社会资本在PPP市场的参与度，需要更加明确地让社会资本了解项目的成本和利益预期。以英国为例，其对项目成本和收益的估算方法就是“物有所值”。

参考文献

［1］曹富国. 中国加入 WTO 政府采购协定谈判中的中小企业问题［J］. 国家行政学院学报，2014（1）：46－50.

［2］曹富国，周芬. 政府采购法的国际化：从 GPA 到 TPP［J］. 中国政府采购，2015（11）：65－69.

［3］邓小鹏，熊伟，袁竞峰，等. 基于各方满意的 PPP 项目动态调价与补贴模型及实证研究［J］. 东南大学学报（自然科学版），2009（6）：1252－1257.

［4］邓小鹏，李启明，汪文雄，李枚. PPP 模式风险分担原则综述及运用［J］. 建筑经济，2008（9）：32－35.

［5］董纪昌. 物有所值定量评价方法及改进方向［J］. 中国政府采购，2016（7）：36－37.

［6］樊纲. 两种改革成本与两种改革方式［J］. 经济研究，1993（1）：13－15.

［7］冯俏彬，贾康. 权益—伦理型公共产品：关于扩展的公共产品定义及其阐释［J］. 经济学动态，2010（7）：34－42.

［8］侯仕军. 基础设施产业外资问题研究［J］. 国际经济合作，2009（8）：15－21.

［9］景天骄，王丽娅. 中国中小企业参与 PPP 的制约因素及对策建议［J］. 海南金融，2019（4）：73－76.

［10］江锦帆. 外国在中国直接投资的制度变迁效应［J］. 经济研究参考，2004（5）：36.

［11］孔小明. PPP 合同法律环境分析［J］. 工程项目管理，2009（1）：101－105.

［12］刘军民. GPA 谈判背景下完善中国政府采购管理制度若干重点问题探

析［J］. 地方财政研究，2012（12）：11－17.

［13］刘华，李航. 民营资本参与城市轨道交通 PPP 项目障碍因素分析［J］. 都市快轨交通，2020（3）：46－53.

［14］赖丹馨，费方域. 公私合作制（PPP）的效率：一个综述［J］. 经济学家，2010（7）：97－104.

［15］李怀组. 管理研究方法论［M］. 西安：西安交通大学出版社，2004.

［16］李竞一. 中国的 PPP 机遇［J］. 招标采购管理，2014（8）：8－12.

［17］李新. PPP 项目社会资本参与度低的原因及对策分析［J］. 对外经贸，2021（3）：116－119.

［18］廖荣碧. 公共选择理论及其现实借鉴意义［J］. 当代经济，2009（2）：150－152.

［19］孟晔. 从 GPA 视角透视我国政府采购法律改革［J］. 上海对外经贸大学学报，2015（3）：80－83.

［20］马强. 美国 BIT 中不符措施条款的实践经验与借鉴［J］. 中国经贸导刊，2014（1）：39－41.

［21］裴军巍，包倩宇. 日本如何推进 PPP［J］. 中国政府采购，2015（7）：53－56.

［22］裴军巍，包倩宇. 加拿大 PPP：法律、实践、民意［J］. 中国政府采购，2015（7）：49－57.

［23］彭华. 制度变迁中的成本分析［J］. 武汉科技大学学报（社会科学版），2010（3）：40－44.

［24］庞德良，刘琨. 加拿大 PPP 模式应用特点及借鉴价值［J］. 社会科学辑刊，2021（3）：171－181.

［25］丘开浪. PPP 项目的协同效应研究［J］. 中国资产评估，2016（3）：27－33.

［26］屈哲. 基础设施领域公私合作制问题研究［D/OL］. 大连：东北财经大学，2012［2022－11－25］. https://kns. cnki. net/kcms2/article/abstract?v=3uoqIhG8C447WN1SO36whHG－SvTYjkCc7dJWN_daf9c2－IbmsiYfKu1Et_7qPPvlq3rT2_TOABiyrk7SzIozr2WrNifKZzdA&uniplatform=NZKPT.

［27］孙洁，苏京春. 将 PPP 项目纳入政府采购管理的重要意义［J］. 中国财政，2016（3）：46－48.

［28］宋小宁，陈斌，吴明琴. 基础设施供给模式选择研究——基于公私合作（PPP）和政府采购的比较［J］. 厦门大学学报，2014（3）：139－146.

［29］田雪欣. 利用外资发展我国准公共产品供给中的定价问题研究［D/OL］. 沈阳：沈阳工业大学，2007［2022－12－04］. https://kns.cnki.net/kcms2/article/abstract?v=3uoqIhG8C475KOm_zrgu4lQARvep2SAk6X_k1IQGNCLwAgnuJ－hC00YoH－zl6ycl1bNr105eGZWVJIvoW－R2UVwvHZmAdCK5&uniplatform=NZKPT.

［30］田凯，黄金. 国外治理理论研究：进程与争鸣［J］. 政治学研究，2015（6）：47－58.

［31］屠新泉，郝刚. 政府采购市场自由化的新趋势与中国加入 GPA 谈判［J］. 国家行政学院学报，2012（5）：82－86.

［32］王守清，柯永健. 特许经营项目融资（BOT、PFI 和 PPP）［M］. 北京：清华大学出版社，2008.

［33］王灏. 城市轨道交通投融资问题研究——政府民间合作（PPP）模式的创新与实践［M］. 北京：中国金融出版社，2006.

［34］王萍. 与 GPA 相关的 GATT/WTO 成案研究及对中国的启示［J］. 北京邮电大学学报（社会科学版），2014（3）：89－95.

［35］王少豪. BOT 融资项目价值分析［J］. 中国资产评估，2010（4）：6－10.

［36］王松江，朱黎. PPP 项目退出机制综述研究［J］. 项目管理技术，2019（6）：33－37.

［37］汪才华. 浅谈竞争性磋商和 PPP 项目采购［J］. 建筑市场与招标投标，2015（3）：35－40.

［38］徐霞，郑志林，周松. PPP 模式下的政府监管体制研究［J］. 建筑经济，2009（9）：105－108.

［39］徐玉环. PPP 与政府采购［J］. 招标采购管理，2014（11）：16－19.

［40］姚宜. 城市基础设施建设中利用外资的若干思考［J］. 当代经济，2008

（7）：28－29.

［41］叶晓甦，熊含梦. 我国西部地区 PPP 项目合作效率关键因素研究[J]. 工程管理学报，2013（6）：81－86.

［42］杨会慧，杨鹏. 中国政府采购法律法规与 GPA 对比分析［J］. 中国政府采购，2011（9）：52－58.

［43］杨雅琴. 加拿大运用 PPP 投资公共项目的经验借鉴[J]. 地方财政研究，2016（4）：40－45.

［44］杨丽花，周丽萍，翁东玲. 丝路基金、PPP 与“一带一路”建设——基于博弈论的视角［J］. 亚太经济，2016（2）：24－30.

［45］闫龙飞. 我国准公共品多元化供给研究［D/OL］. 成都：西南财经大学，2012［2021－04－16］. https://kns.cnki.net/kcms2/article/abstract?v=3uoqIhG8C447WN1SO36whHG－SvTYjkCc7dJWN_daf9c2－IbmsiYfKrdahIbw0JH3IHyZk9vB70lGkTIoDegZUzK7c2y4UrXX&uniplatform=NZKPT.

［46］俞可平. 推进国家治理体系和治理能力现代化［J］. 前线，2014（1）：5－8.

［47］苑丁杰，王利，罗丽苹. 基于外部性理论的民营企业参与 PPP 项目的行为博弈研究［J］. 安徽建筑，2022（11）：73－76.

［48］查勇，梁云凤. 在公用事业领域推行 PPP 模式研究［J］. 中央财经大学学报，2015（5）：19－25.

［49］张水波，陈勇强. 国际工程总承包 EPC 交钥匙合同与管理［M］. 北京：中国电力出版社，2009.

［50］张琦，孙飞. 中国外资准入制度亟待改革［N］. 中国经济时报，2015－07－27（15）.

［51］张敏. PPP 模式对传统公共服务供给模式的挑战［J］. 长春市委党校学报，2022（5）：38－41.

［52］张五常. 经济解释［M］. 北京：商务印书馆，2001.

［53］张守文. 政府与社会资本合作（PPP）的法律保障——PPP 的公共性及其经济法解析［J］. 法学，2015（11）：9－16.

[54] 张群梅. 政府与市场关系的新解读——公共选择理论的政府观分析[J]. 河南大学学报，2007（3）：84-88.

[55] 张勇，郝寿义. 应用PPP融资模式促进城市基础建设发展[J]. 生产力研究，2004（11）：56-58.

[56] 张莹. 国际政府采购管理规则比较研究[J]. 科研管理，2001（7）：9-21.

[57] 张雨. 新形势下PPP项目政府采购方式探讨[J]. 中国政府采购，2015（5）：77-80.

[58] 朱贝. 社会资本参与PPP项目的影响因素与对策研究[J]. 市场周刊，2019（5）：94-95.

[59] 曾小慧. 基础设施PPP供给模式研究综述[J]. 财经政法资讯，2010（4）：55-59.

[60] 詹姆斯·M. 布坎南. 民主过程中的财政[M]. 北京：商务印书馆，2002.

[61] Algarni A M，Arditi D，Polat G. Build-operate-transfer in the United States [J]. Journal of Construction Management and Engineering，2017，133：728-735.

[62] Antonio Dias J，Ioannou P G. Debt capacity and optimal capital structure for privately financed infrastructure projects [J]. Journal of Construction Management and Engineering，1995，121：404-414.

[63] Blanc-Brude，Goldsmith，Valila. Ex ante construction costs in the European road sector：a comparison of Public-Private Partnerships and traditional public procurement [J]. SSRN Electronic Journal，2007，24（12）：56-63.

[64] Chan W T，Chen C，Messner J I，Chua D K H. Inter-face management for China's build-operate-transfer projects [J]. Journal of Construction Engineering and Management，2005（6）：645-655.

[65] Deloitte. Closing the infrastructure gap：the role of Public-Private Partnerships [R]. Deloitte Research，2006.

[66] Deloitte. PPP financing：global market overview [R]. Deloitte research，2008.

［67］Dean Papajohn，Qingbin Cui，Mehmet Emre Bayraktar. Partnerships in U.S. transportation：research overview and a path forward［J］. Journal of Management in Engineering，2011，27（3）：126－135.

［68］EI-Gohary N M，Osman H，EI-Diraby T E. Stakeholder management for public private partnership［J］. International Journal of Project Management，2006，24：595－604.

［69］Flyvbjerg B，Holm M K S，Buhl S L. How common and how large are cost overruns in transport infrastructure projects［J］. Transport Review，2004，23（1）：71－88.

［70］Grimsey D，Lewis M K. Evaluating the risks of public private partnerships for infrastructure projects［J］. International Journal of Project Management，2002，20（7）：107－118.

［71］Ho S P，Liu L Y. An option pricing-based model for evaluating the financial viability of privatized infrastructure projects［J］. Construction Management and Economics，2002，20（13）：143－156.

［72］Helen Sullivan，Chriskelcher. Working across boundaries：collaboration in public services［J］. Health & Social Care in the Community，2003，11（2）：185.

［73］Jung D W，Kim H J，Hyun C T. A study on the financial risk assessment of SOC private investment projects：focused on light rail transit projects［J］. Korean Journal of Architectural Engineering，2021，17（5）：109－116.

［74］Chan A P C，Lam P T I，Chan D W M. Drivers for adopting public private partnerships-empirical comparison between China and Hong Kong special administrative region［J］. Journal of Construction Engineering and Management，2009，135（11）：1115－1124.

［75］Klemperer Paul. Auction theory：a guide to the literature［J］. Journal of Economic Surveys，1999，13：227－285.

［76］Klijin E H，Teisman G R. Institutional and strategic barrier to Public-Private

Partnership：an analysis of Dutch cases [J]. Public Money and Management，2003，23（3）：137－147.

[77] Li B，Akintoye A，Edwards P J，Hardcastle C. Critical success factors for PPP/PFI projects in the UK construction industry [J]. Construction Management and Economics，2005，23：459－471.

[78] Michael J Garvin. Enabling development of the transportation Public-Private Partnership market in the United States [J]. Journal of Construction Engineering and Management，2010，136（4）：402－411.

[79] Nijkamp P，Burch M，Vindigni G. A comparative institutional evaluation of public-private partnerships in Dutch urban land-use and revitalization projects [J]. Urban Studies，2002，39（10）：1865－1880.

[80] Osborne S P. Public-Private Partnerships：theory and practice in international perspective [M]. London：Routledge，2000.

[81] Pongsiri N. Regulation and public-private partnerships [J]. International Journal of Public Sector Management，2002，15（6）：487－495.

[82] Public Accounts Committee of the British House of Commons. Managing the expiry of PFI contracts [R]. British House of Commons，2021：17－19.

[83] Raymond E Levitt. CEM Research for the next 50 years：maximizing economic [J]. Environmental and Social Value of the Built Environment，Construction Engineering and Management，2007，133（9）：619－628.

[84] Roberto Pitroforte，Tomi P Stefani. ASCE Journal of Construction Engineering and Management：review of the years 1983－2000 [J]. Construction Engineering and Management，2004，130（3）：440－448.

[85] Salamon，Lester M. The new governance and the tools of public action：an introduction [J]. Fordham Urban Law Journal，2000，28：1161－1674.

[86] Sawant R J. The economics of large-scale infrastructure FDI：the case of project finance [J]. Journal of International Business Studies，2010，41：1036－1055.

[87] Smyth H，Edkins A. Relationship management in the management of PFI/PPP projects in the UK [J]. International Journal of Project Management，2007，25（3）：232-240.

[88] The Economist Intelligence Unit. Evaluating the environment for public-private partnerships in Asia [R]. The Economist，2018.